우신구

서울대학교 건축학과에서 학사, 석사, 박사과정을 밟았다. 현재 부산대학교 건축학과에서 도시건축, 건축과 사회, 설계 과목을 가르치면서 도시건축연구실을 지도하고 있다.

청소년기까지 자란 도시이자, 2003년부터 근무하고 있는 대학이 소재하는 도시, 부산에 대한 깊은 애정과 호기심을 교육과 연구에 접목하고 있다. 지도하고 있는 도시건축연구실을 중심으로 부산 구석구석 다양한 건축과 도시공간을 연구의 대상으로 삼아 마을만들기, 공공공간, 도시경관 그리고 도시재생과 관련한 연구를 진행하여 왔다. 부산의 광복동과 서면 등의 공공공간, 서동과 반송동을 비롯한 정책이주지, 원도심의 초량동, 수정동, 영주동 등 산복도로 지역, 사하구 감천문화마을과 서구의 아미동 비석문화마을 등 도시마을에 대한 지역 리서치를 진행하여 아카이브를 구축하고, 논문이나 단행본으로 출판하고 있다. 학문적 연구뿐만 아니라 부산의 쇠퇴한 지역을 다시 활성화시키기 위해 민·관·학이 함께 추진하는 프로젝트에도 활발하게 참여하고 있다. 대표적으로 <광복로일원 시범가로사업>, <'행복한 도시어촌 청사포만들기' 국토환경디자인 시범사업>, 부산 서구 <아미·초장 도시재생사업>을 비롯하여 부산진구, 금정구, 영도구 등의 다양한 공공 프로젝트에서 총괄계획가와 총괄코디네이터로 참여하였고, 현재 영도구 신선동 도시재생 프로젝트에 참여하고 있다.

치유인문컬렉션
―
10

위로의 도시

Collectio Humanitatis pro Sanatione X

sociētas

미다스북스

치유인문컬렉션 도서 목록

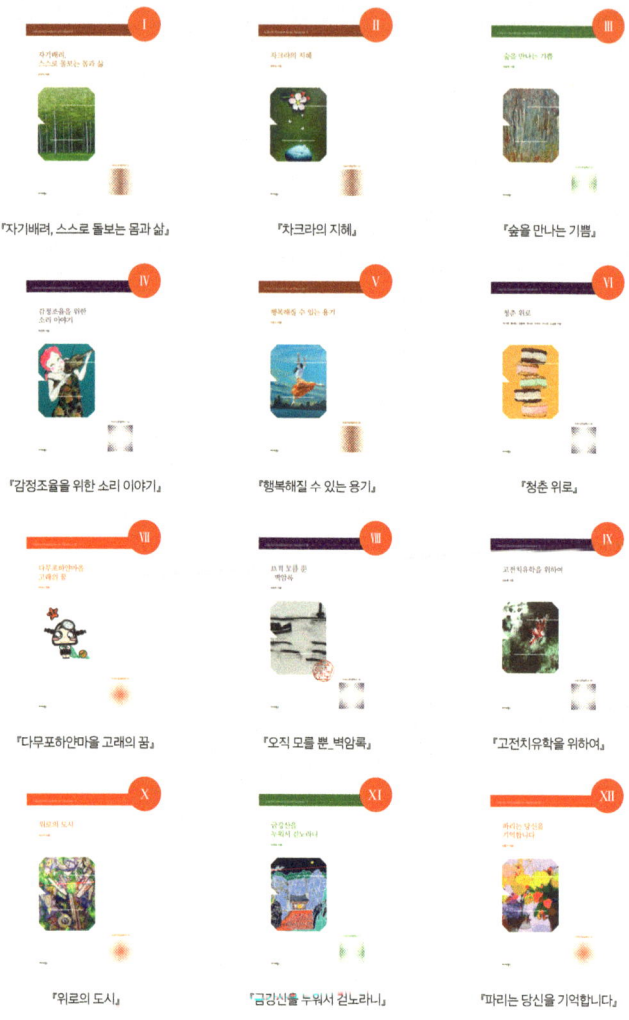

I 『자기배려, 스스로 돌보는 몸과 삶』

II 『차크라의 지혜』

III 『숲을 만나는 기쁨』

IV 『감정조율을 위한 소리 이야기』

V 『행복해질 수 있는 용기』

VI 『청춘 위로』

VII 『다무포하얀마을 고래의 꿈』

VIII 『오직 모를 뿐_벽암록』

IX 『고전치유학을 위하여』

X 『위로의 도시』

XI 『금강산을 누워서 걷노라니』

XII 『파리는 당신을 기억합니다』

* 콜렉티오 후마니타티스 프로 사나티오네(Collectio Humanitatis pro Sanatione)는 라틴어로 치유인문컬렉션이라는 뜻입니다. 세상의 상처를 치유하기 위해서는 인간이 만들어낸 모든 학문이 동원되어야 한다는 생각에서 출발합니다.

책들로 가득 차 있는 도서관은 고요하고, 안전하고, 평화로운 장소이다.
책을 읽지 않아도 책에 둘러싸여 편안한 의자에 앉아 있는 것만으로도
마음이 평화로워진다. 주변에 있는 낯선 사람들도 책을 사랑하는 만큼
가능한 다른 사람들에게 폐를 끼치지 않으려는 믿을 수 있는 사람들이다.
따뜻한 전구가 켜진 낮은 스탠드 불빛에 의지하여 긴 열람 테이블에
줄지어 앉아 책을 읽고 있는 사람들은 책의 공동체라고 할 만하다.

이 광장의 주인공은 광장 북동 측에 굳게 자리 잡고 있는
세 그루의 옴부나무(ombu tree)이다.
밑동과 줄기가 독특하게 팽창하면서 성장하는 옴부나무는
아이들을 위한 살아있는 놀이기구였다.

아이들은 마치 아버지의 넓은 등판을 기어오르듯 옴부나무 나뭇등걸을 타고 오른다.
굽어진 나무줄기에 올라탄 아이들은 마치 백마 탄 장군처럼 광장을 호령한다.
큰 아이들은 옴부나무 줄기에 매달린 그네를 타고 있는 작은 아이들을 밀어 준다.
이 작은 광장에서 아이들은 서로 믿고 도와주는 동네 주민으로 자란다.

키 작은 관목숲은 길의 벽이 되고, 나무줄기는 춤추는 기둥이 되며,
교목의 이파리들은 초록색 궁륭(vault)이 된다.
아스팔트에 그려놓은 경고 페인트조차 대리석 부럽지 않은 바닥이다.

길 바깥의 도시는 사라지고 온전히 길에 둘러 싸인다.
이 순간, '남차이 인문학 거리'는 자연으로 만든 도시 속의 방이다.
5월의 '남차이 인문학 거리'는 치유의 공간이다.

목차

치유인문컬렉션을 기획하면서 존재와 치유, 그리고 인문 · 009
서문 · 016
이 글을 시작하며 · 022

I 자연으로 치유되는 회색 사회
1. 나무, 꽃, 물이 가득한 공간 · 029
2. 햇볕과 그늘이 공존하는 공간 · 039
3. 이웃과 함께 채우는 공간 · 050
4. 위로와 배려가 만든 공간 · 059

II 내면을 가꾸는 치유의 공간
1. 그림으로 둘러싸인 공간 · 067
2. 글로 읽어 내려가는 공간 · 075
3. 잠시 숨 돌릴 수 있는 공간 · 082

III 치유가 있는 세계의 장소
1. 스페인의 포블레누 거리와 프림 광장 · 093
2. 덴마크의 루이지아나 미술관 · 104
3. 인도네시아의 캄풍 골목 · 120
4. 강원도 태백시의 문예1길 · 134
5. 부산 남천동의 남치이 인문학 거리 · 139

맺음말 · 144
미주 · 147

참고: 수록된 사진은 따로 언급이 없는 한 모두 필자가 직접 찍은 사진임

치유인문컬렉션을 기획하면서

존재와 치유, 그리고 인문

존재

"나는 생각한다, 그러므로 존재한다."

어느 이름난 철학자가 제시한 명제다. 생각으로부터 존재하는 이유를 찾는다는 뜻이다. 나름 그럴듯한 말이지만 결국 이 말도 특정한 시기, 특정한 공간에서만 적절한 명제이지 않을까? 물론 지금도 그때의 연장이요, 이곳도 그 장소로부터 그리 멀지 않다는 점에서 그 말의 효능은 여전하다고 하겠다. 다만 존재 이전에 생각으로 존재를 규정하는 것이 가끔은 폭력이라는 생각도 든다. 나는 이렇게 실제 존재하고 있는데, 존재를 증명하기 위해 합리적이고 논리적인 설득을 선결해야 한다. 만일 존재를 설득해내지 못하면 나의 존재는 섬망(譫妄)에 불과할지도 모르다니! 그래서 나는 이 말의 논리가 조금 수정될 필요가 있다고 생각한다.

"나는 존재한다. 그러므로 존재한다."

존재 그 자체가 존재의 이유인 것이다. 누가 호명해주지 않아도 존재하는 모든 것은 나름의 이유가 있고, 존중받을 가치를 지니고 있다. 존재는 그 자체로 완전하며 누군가의 판단 대상이 아니다. 비교를 통해 우열의 대상이 되어도 안되고, 과부족(過不足)으로 초과니 결손으로 판단되어도 안된다. 또한 사람이든 동물이든, 식물이든, 벌레든 외형이 어떤가에 상관없이 세상에 나오는 그 순간부터 존재는 이뤄지고 완성되며 온전해진다. 존재는 태어나고 자라고 병들고 죽는다. 이 자체는 보편진리로되, 순간마다 선택할 문은 늘 존재한다. 그 문도 하나가 닫히면 다른 문이 열리니, 결국 문은 열려 있는 셈이다. 그 문을 지나 길을 걷다 보면 어느새 하나의 존재가 된다. 어쩌면 순간순간 선택할 때는 몰랐지만, 이것이 그의 운명이요, 존재의 결과일지도 모를 일이다. 그런 점에서 그의 선택은 그에게 가장 알맞은 것이었다. 존재는 그 자체로 아름답다.

치유

그런 점에서 치유라는 개념은 소중하다. 치유는 주체의

존재에 대한 긍정을 바탕으로 자신을 스스로 조절해가는 자정 능력을 표현한다. 외부의 권위나 권력에 기대기보다는 원력(原力, 원래 가지고 있던 힘)에 의거해 현존이 지닌 결여나 상처나 과잉이나 숨가쁨을 보완하고 위로하며 절감하고 토닥여주는 것이다. 원력의 상황에 따라서 멈추거나 후퇴하거나 전진을 단방(單方)으로 제시하며, 나아가 근본적인 개선과 전변, 그리고 생성까지 전망한다. 간혹 '치유는 임시방편에 지나지 않은가' 하는 혐의를 부여하기도 한다. 맞는 지적이다. 심장에 병이 생겨 수술이 급한 사람에게 건네는 위로의 말은 정신적 안정을 부여할 뿐, 심장병을 없애지는 못한다. 그러나 병증의 치료에 근원적인 힘은 치료 가능에 대한 환자의 신뢰와 낫겠다는 의지에 있음을 많은 의료 기적들은 증언해주고 있다. 어쩌면 우리는 이 지점을 노리는지도 모르겠다.

구름에 덮인 산자락을 가만히 응시하는 사사람의 마음은 구름이 걷히고 나면 아름다운 산이 위용을 드러내리라는 믿음을 바탕으로 한다. 내보이지 않을 듯이 꼭꼭 감춘 마음을 드러내게 만드는 것은 관계에 대한 은근한 끈기와 상대에 대한 진심이 아니던가! 치유는 상처받은 이(그것이 자신이든 타인이든)에 대한 진심과 인내와 신뢰를 보내는 지극히 인간적인 행위이다. 마치 세상의 모든 소리를 듣고 보겠다는 관세음보살의 자비로운 눈빛과 모든 이의 아픔을 보듬겠다며 두 팔을 수줍게 내려 안는 성모마리아의 자애로운 손짓과도 같다. 이쯤 되면 마치 신앙의 차원으로 신화(神化)되는 듯하여 못내 두려워지기도 한다. 그러나 치유의 본질이 그러한 것을 어쩌겠는가!

인문

우리는 다양한 학문에서 진행된 고민을 통해 치유를 시도하고자 한다. 흔히 인문 운운할 경우, 많은 경우 문학이나 역사나 철학 등등과 같은 특정 학문에 기대곤 한다. 이는 일부는 맞고 일부는 그렇지 않다. 세상은 크게 세 가지로 구성되어 있다. 여러분이 한번 허리를 곧게 세우고 서 보라. 위로는 하늘이 펼쳐져 있고, 아래로 땅이 떠받치고 있다. 그 사이에 '나'가 있다.

고개를 들어본 하늘은 해와 달이, 별들로 이뤄진 은하수가 시절마다 옮겨가며 아름답게 수놓고 있다. 이것을 하늘의 무늬, 천문(天文)이라고 부른다. 내가 딛고 선 땅은 산으로 오르락, 계곡으로 내리락, 뭍으로 탄탄하게, 바다나 강으로 출렁이며, 더러는 울창한 숲으로, 더러는 황막한 모래펄로 굴곡진 아름다움을 이루고 있다. 이것을 땅의 무늬, 지문(地文)이라고 부른다. 그들 사이에 '나'는 그

수만큼이나 다양한 말과 생각과 행위로 온갖 무늬를 이뤄내고 있다. 이것을 사람의 무늬, 인문(人文)으로 부른다.

인문은 인간이 만들어내는 모든 것을 가리킨다. 그 안에 시간의 역사나 사유의 결을 추적하는 이성도, 정서적 공감에 의지하여 문자든 소리든 몸짓으로 표현하는 문학 예술도, 주거 공간이 갖는 미적 디자인이나 건축도, 인간의 몸에 대한 유기적 이해나 공학적 접근도, 하다못해 기계나 디지털과 인간을 결합하려는 모색도 있다. 이렇게 인문을 정의하는 순간, 인간의 삶과 관련한 모든 노력을 진지하게 살필 수 있는 마음이 열린다. 다만 이 노력은 인간이 지닌 사람다움을 표현하고 찾아주며 실천한다는 전제하에서만 인문으로 인정될 수 있다. 이제 천지와 같이 세상의 창조와 진퇴에 참육(參毓)하는 나를, 있는 그대로 바라볼 때가 되었다.

餘滴

어데선가 조그마한 풀씨 하나가 날아왔다. 이름 모를 풀씨가 바윗그늘 아래 앉자 흙바람이 불었고, 곧 비가 내렸다. 제법 단단해진 흙이 햇빛을 받더니, 그 안에서 싹이 올라왔다. 그런데 싹이 나오는 듯 마는 듯하더니 어느

새 작은 꽃을 피웠다. 다음 날, 다시 풀씨 하나가 어데선가 오더니만 그 곁에 앉았다. 이놈도 먼저 온 놈과 마찬가지로 싹을 틔우고 꽃을 피웠다. 그런데 이게 웬일인가! 그 주위로 이름 모를 풀씨들은 계속 날아와 앉더니 꽃을 피워댔다. 이들은 노란빛으로, 분홍빛으로, 보랏빛으로, 하얀빛으로, 혹은 흩색으로 혹은 알록달록하게 제빛을 갖추었다. 꽃 하나하나는 여려서 부러질 듯했는데, 밭을 이루자 뜻밖에 아름다운 꽃다지로 변했다. 생각지도 못한 일이었다!

이 컬렉션은 이름 모를 풀꽃들의 테피스트리다. 우리는 처음부터 정교하게 의도하지 않았다. 아주 우연히 시작되었고 진정 일이 흘러가는 대로 두었다. 필자가 쓰고 싶은 대로 쓰도록 했고, 주고 싶을 때 주도록 내버려 두었다. 글은 단숨에 읽을 분량만 제시했을 뿐, 그 어떤 원고 규정도 두지 않았다. 자유롭게 초원을 뛰어다닌 소가 만든 우유로 마음 착한 송아지를 만들어내듯이, 편안하게 쓰인 글이 읽는 이의 마음을 편안하게 할 것이라는 믿음 때문이었다. 우리는 읽는 이들이 이것을 통해 자신을 진지하게 성찰하고 새롭게 각성하기를 원하지 않는다. 그저 공감하며 고개를 주억거리면 그뿐이다. 읽는 분들이여, 읽다가 지루하면 책을 덮으시라. 하나의 도트는 점박이를 만들지만, 점박이 101마리는 멋진 달마시안의 세계를 만들 것이다. 우리는 그때까지 길을 걸어가려 한다. 같이 길을 가는 도반이 되어주시는 그 참마음에 느꺼운 인사를 드린다. 참, 고맙다!

                          2024년 입추를 지난 어느 날
                  치유인문컬렉션 기획위원회 드림

서문

영국의 어느 조사에서 80%가 넘는 영국사람이 시골 전원에서 살고 싶어 한다고 한다. 하지만 2022년을 기준으로 영국사람 84.4%는 도시에 살고 있다. 우리나라의 경우는 1960년 39.7%만이 도시에 살았지만, 2022년 기준 91.9%가 도시에 살고 있다. 도시에 살고 싶어 하든 혹은 살고 싶지 않든 상관없이 열 명 중 아홉 사람은 도시에 살고 있는 것이 현실이다. 그만큼 도시는 현대인에게 삶의 조건이 되었다.

1960년대 이후 도시화가 급속히 진행되어 새롭게 도시로 이주하는 사람들이 증가하면서 도시에 대한 부정적인 인식도 확산되었다. 건물은 빽빽하고 도로는 좁고 사람은 많고 어딜 가나 혼잡하고 시끄럽고 더럽다는 것이다. 만원 버스나 지하철을 타고가는 통근, 통학길은 스트레스가 쌓이는 길이었다. 신문을 보면 사건 사고는 모두 도시에서 발생하는 것처럼 보였다. 시나 소설, 영화에서 주로 묘사되는 도시는 더럽고, 혼잡하고, 붐비고, 위험하고, 거칠고, 소란스럽고, 비정하고, 차갑고, 삭막한 회색 콘크리트 공간이다.

하지만, 도시에 살고 있는 사람의 비율이 높아질수록 도시에 대한 생각도 조금씩 변하고 있다. 과거에는 은퇴를 하면 시골에 내려가서 살려는 사람들이 꽤 많았지만 지금은 대부분 도시에서 계속 살고 싶어 한다. 물론 〈나는 자연인이다〉같은 TV 프로그램에 나오는 사람처럼 도시를 떠나 자연 속에서 살고 있는 사람도 없지 않다. 그렇지만 많은 사람들은 인생 대부분을 도시에서 살았기 때문에 도시라는 환경이 익숙하다.

노인이 될수록 병원이나 문화 및 편의시설이 가까운 주거지를 선호한다고 한다. 오랜 세월 도시 외곽의 단독주택에 살았던 사람들도 나이가 들면 생활이 편한 도심 외 아파트를 더 선호한다고 한다. 최근 대구나 부산의 도심이나 지하철역 주변의 노후시가지 재개발이 활발해 지고 있는데, 재개발로 생긴 고층 아파트나 오피스텔에 청년들뿐만 아니라 노인들이 몰리고 있기 때문이다.

과거 고령자들을 위한 실버타운은 도시 외곽의 조용한 환경에 짓는 것이 일반적인 경향이었다. 하지만, 최근에는 교통이 편하고, 문화와 상업시설이 잘 갖추어진 도시 중심지의 실버타운이 점점 증가하고 있다. 일본 도쿄의 중심지인 미나토구에서는 최근 최고급 서비스와 시설을 갖춘 초고가의 실버타운이 준공되어 화제가 되고 있다.

 이처럼 도시는 성별과 연령을 막론하고 현대인의 일상 공간이 되었다. 그렇다면 도시화가 진행될 때 느꼈던 도시의 부정적인 측면은 이제 다 해소되었을까? 도시는 이제 깨끗하고, 쾌적하고, 안전하고, 부드럽고, 조용하고, 따뜻하며, 편안한 녹색 공간이 되었을까?

 과거 산업화시대의 도시에 비하면 도시환경이 많이 개선되고 정비된 것도 사실이다. 공해를 유발하는 산업체들은 더 이상 도시에 남아 있지 않다. 서울과 수도권 도시를 제외하면 대부분의 도시에서 만원버스는 찾아보기 어렵다. 공공서비스의 질이 높아져 길에는 쓰레기도 없고, 악취를 뿜는 하천도 사라졌다. 주거지역은 조용하고 놀이터와 공원이 잘 조성되어 있다. 불과 삼, 사십 년 사이에 물리적인 도시환경은 놀라우리만큼 달라졌다.

 도시환경이 개선된 만큼 도시에 살고 있는 사람들의 삶도 개선되었을까? 생활환경이 좋아진 만큼 삶의 질도 좋아졌는가? 불행히도 아직 도시에서의 삶이 행복하다고 얘기하기는 어렵다. 사회는 점점 더 빨리 변하고 있고, 사람들 사이의 경쟁도 여전히 치열하다. 다른 나라와 비교하면 치안이 좋아서 남녀노소 안전하게 다니는 편이지만 가끔 백주대낮에도 발생하는 묻지마 범죄는 우리 도시가 마냥 안심하고 생활할 수 있는 장소가 아니란 점을 일깨운다.

과거와 비교해 빈부격차는 더 커졌고, 가난한 사람과 부자는 도시 내에서 서로 다른 공간에 거주한다. 가난한 사람들은 가족과 함께 보내는 시간을 줄이고, 더 오랜 시간 동안 더 멀리 이동해야 생계를 유지할 수 있다. 거주하는 지역과 살고 있는 아파트가 누구에게는 자존감이 되고, 또 다른 누구에게는 열등감이 된다.

한정된 면적에 많은 사람이 모여 사는 도시는 사람들에게 다양한 기회도 제공하지만 그만큼 치열한 경쟁을 부추기고 과도한 스트레스를 주는 공간이다. 도시에 사는 사람들에게 휴식과 재충전이 절실하게 필요한 이유이다. 주말이 되면 도시 밖으로 나가는 자동차 행렬이 끝도 없이 이어진다. 도시를 떠나 한적한 숲 속을 거닐거나 넓은 바다를 보면서 도시생활의 압박을 잠시나마 잊고 마음의 여유를 되찾는다.

이처럼 도시에서 마음의 안정과 평화를 찾는 것은 어렵다. 이 책은 도시 속에서 사람들의 마음을 위로하고, 일상 속에서 행복을 느끼며, 삶의 질을 높일 수 있는 공간과 장소에 대한 이야기를 전하려고 한다. 이야기라고 적은 이유는 이론에 근거하는 학술적인 내용이 아니기 때문이다. 필자가 우리나라를 비롯해 전 세계의 도시를 여행하면서 실제로 방문했던 공간과 장소에서 느낀 바를 글로 옮겼다. 어쩌면 주관적인 경험일 수도 있다. 방문했던 계절이나 날씨 그리고 시간이 달랐다면 느끼지 못했을 수 있다. 만일 다른 사람이 다른 때에 이 책에 나오는 장소를 찾으면 전혀 다른 경험을 했을 수도 있다. 그런 점에서 이 책의 이야기가 일시적이고 변덕스런 사적 경험의 기록일 수도 있다.

그럼에도 불구하고 이야기로 정리한 이유는 도시 공간에서 찾은 위로의 경험이 전혀 예상치 못한 작은 기적처럼 다가왔기 때문이다. 도시를 떠나 시골마을이나 바닷가를 가지 않더라도 내가 살고 있는 도시 가운데 작은 길을 걸으며 온전히 자연을 느낄 수 있다. 도심 속 작은 공원의 시원한 나무 그늘 아래 편안한 벤치에 앉아 근처 카페에서 사온 커피 한 잔을 마시며 짧지만 지극한 평화를 만끽할 수도 있다. 광장에서 주민들과 아이들이 이야기하고 노는 모습에서, 짜증을 유발하던 익명적 타인들도 도시를 함께 사는 커뮤니티의 일원임을 깨닫는다.

이런 느낌과 깨달음을 주는 공간과 장소들이 우리 곁에 있다는 사실만으로 우리에게 큰 힘이 된다. 중요한 것은 그 공간을 우리가 어떻게 발견하고 이용하느냐에 달려 있다. 우리는 바쁘다는 이유로 혹은 매일 반복되는 눈앞의 일상 때문에 이런 공간의 소중함을 잊어버린다. 심지어 그런 공간의 존재조차 모르고 살고 있다.

잠시 멈춰 우리 주변을 둘러보자. 도시 곳곳에 숨어 있는 작지만 의미 있는 장소들을 탐색해 보자. 어쩌면 바로 집 주변에 또는 회사 건물 뒤에 놀라운 작은 공간이 있을지도 모른다. 쉼을 통해 일상에서 잊어버린 '나'를 찾고, 작은 배려를 통해 '이웃'의 존재를 느껴보자. 우리가 매일 생활하는 일상공간에서 우리의 마음을 위로해 주는 공간을 하나 둘 발견할 때 마다 우리의 삶은 점점 더 풍요롭게 변할 것이다. 나아가 우리가 직접 이런 공간과 장소를 만들고 가꾸어가기를 기대한다.

그렇게 우리가 이 도시의 주인이 되기를 꿈 꿔 본다.

2024년 8월 오산서원(梧山書院)에서

이 글을 시작하며

현생인류, 즉 호모 사피엔스가 등장한 3만 년 전부터 지금까지 대부분의 기간 동안 인간은 자연 속에서 소수 집단으로 거주하였다. 수천 명 정도가 모여 살기 시작한 것은 불과 8천 년 전의 일이다. 수만 명이 모여 사는 도시가 나타난 것도 5, 6천 년 전이며, 백만 명에 가까운 사람들이 살았다고 추정되는 로마, 장안, 비잔티움, 바그다드와 같은 대도시는 매우 드문 현상이었고, 2천 년 전부터 어쩌다가 하나씩 나타났다.

인구 백만 명이 넘는 대도시가 전 세계적으로 일반화된 것은 산업혁명이 확산된 19세기 이후의 일이다. 대다수의 사람들이 도시에 사는 시대는 아직 채 200년도 되지 않은 셈이다.

자연 속에서 흩어져 살던 인간이 도시에서 밀집해 산다는 것은 엄청난 환경의 변화이다. 동물들도 좁은 공간에 많은 개체 수를 함께 두면 스트레스를 받아 호르몬 이상 등 신체의 변화가 나타난다. 뿐만 아니라 이런 환경에 오래 노출되면 자기들끼리 싸우고 심지어 서로 죽이는 이상행동을 일으키기도 한다.

현대 도시처럼 밀도가 높은 환경이 인간에게 끼치는 영향도 비슷하지 않을까? 많은 사람들이 아침에 집을 나서 사람들로 꽉 찬 지하철을 타고 회사에 가고, 좁은 사무실에 따닥따닥 붙어 있는 책상에 앉아 일을 하고 점심 시간이 되면 식당 앞에 줄을 서서 대기하다가 다른 사람들 틈에서 허겁지겁 점심을 먹는다. 식사 후에도 잠시 쉴 틈도 없이 자신에게 할당된 업무를 처리하기 위해 정신없이 일해야 한다. 퇴근 시간이 되면 다시 만원 지하철을 타고 파김치가 되어 밤늦게 귀가하는 생활을 하고 있다. 이런 생활을 반복적으로 하다보면 고혈압, 당뇨병, 비만, 공황장애 등 소위 현대병이라는 질병이 우리의 마음과 신체를 조금씩 갉아먹는다.

내가 살고 있는 아파트 아래 위 그리고 옆에 많은 사람이 벽 하나를 사이에 두고 살고 있지만, 정작 몸이 아프거나 어려운 일이 생겨도 도움을 청할 사람은 없다. 오히려 아파트 층간에 들리는 소음 때문에 윗집과 아랫집이

서로 얼굴을 붉히며 싸우거나 심지어 폭력을 행사하여 이웃사람을 다치게 만들기도 한다.

그런 이유로 전례 없이 밀도 높은 현대의 도시를 익명적 도시, 고독한 도시라고 부른다. 익명적 도시에서 고독하게 살고 있는 사람은 누구나 마음에 상처나 병을 가지고 있다. 마음이 아픈 경우 다른 사람에게 말하지도 못하고 혼자서 끙끙 앓으면서 병을 키우기도 한다.

다양한 신체적, 정신적 질병으로부터 벗어나 건강하고 행복한 삶을 살 수 있도록 해 주는 일련의 과정을 '치유'라고 할 수 있다. 그렇다면 '위로의 도시'는 시민들의 '치유'를 위해 설계되고, 유지 및 관리되는 도시환경이다. 적으로부터의 방어, 왕이나 신의 권위 수립, 물자와 상품의 유통, 철도와 자동차의 원활한 교통 등과 같은 전통적인 도시계획에서 생각하지 않았던 요소이다.

치유를 통해 사람들을 위로하고 행복한 삶에 기여하는 도시는 어떤 도시일까? 행복을 가져다는 주는 요소는 매우 다양할 뿐만 아니라 서로 연계되어 있다. 아름다운 풍경을 보면서 행복해하는 사람이 있는가 하면, 맛있는 음식을 먹으면서 행복을 느끼는 사람도 있다. 마음 맞는 이웃 또는 친구들과 함께 동네 카페에서 수다를 떨면서 더 없는 행복을 느끼기도 하며, 집 주변의 공원에서 가족과 함께 피크닉을 하면서 지극한 행복을 느끼기도 한다. 사람에 따라 만족을 느끼는 요소와 정도가 서로 다를 뿐만 아니라 한 요소에는 만족하지만 다른 요소 때문에 불만을 느끼기도 한다. 따라서, 한 도시에 살고 있는 사람들을 치유하여 행복에 이르게 하는 방법은 한 두 개의 단편적 요소를 제공하는 것이 아니라 여러 요소들 사이의 통합적이고 균형 있는 접근방법이 필요하다.

오늘날 현대도시에서 위로의 도시를 만들자고 제안하면 시대착오적인 제안이라고 폄하하는 사람도 있을 것이다. 산업구조의 변화, 출산율 저하, 인구감소, 수도권집중, 스마트시티, 4차 산업혁명, 기후위기 등 우리 도시가 해결해야 할 문제가 산적해 있을 뿐만 아니라 새로운 과제들도 속속 등장하고 있기 때문이다.

'위로의 도시'를 제안하는 것은 이러한 기존의 도시 문제와 새로운 과제를 무시하자는 의미가 아니라, 거대한 시대적 문제와 과제를 해결하는 노력과 시민의 행복한 삶을 위한 위로의 도시를 만들려는 시도, 둘 다 병행해서 추진하자는 제안이다. 유럽으로 운행하는 대형 비행기가 이착륙하는 24시간 국제공항을 만드는 메가 프로젝트와 함께 시민들의 스트레스를 줄여주고 안식을 취할 수 있는 쾌적한 공간과 장소를 만들고 가꾸는 노력 사이의 균형을 잃지 말자는 것이다.

  본 책에서 제안하는 위로의 도시는 거창한 공간이나 화려한 건축을 제안하지 않는다. 오히려 일상생활에 지친 시민들의 마음과 몸을 달래주는 도시의 작은 요소들에 주목하였다. 1장과 2장에서는 도시 속에서 만날 수 있는 7가지의 일상 속 치유 공간을 소개하였다. 3장에서는 필자가 일상 속에서 혹은 여행 중에 우연히 발견한 치유의 장소이다. 덴마크의 루이지아나 미술관을 제외하면 지역 주민들도 잘 모르는 유명하지 않은 장소들이 대부분이다. 일상 속에서 그리고 피곤한 여행의 한 가운데서 기대도 없이 우연히 만났지만, 개인적으로 몸과 마음에 큰 위안을 받은 장소들이다. 3장의 장소에서는 1장과 2장에서 설명한 치유 공간 요소들이 자연스럽게 녹아들어 있음을 알 수 있을 것이다.

I

자연으로 치유되는
회색 사회

sociétés

Colecção Humanitas pro Signatura X

1.

나무, 꽃, 물이 가득한 공간

흔히 우리가 도시를 묘사할 때 '회색 도시'라고 말한다. 정확히 도시의 색이 '회색'이라기보다는 회색으로 대표되는 '무채색 도시'라는 의미일 것이다. 도시가 무채색인 것은 도시를 채우고 있는 건물들이 대부분 시멘트와 콘크리트를 이용하여 만들기 때문이다. 건물이 없는 부분 즉 도로도 대부분 아스팔트로 포장되어 있기에 검은색에 가까운 무채색이다. 시멘트, 콘크리트 그리고 아스팔트는 모두 우리 인간이 공장에서 생산해 낸 인공적인 재류들이다.

그러므로 '회색 도시'는 인공적 도시라는 의미이다. 이 인공적인 도시에 부족한 것은 자연적 요소이다. 도시를 부정적으로 묘사하는 그림이나 사진을 보면 거기에는 나무, 꽃, 풀 등 살아있는 자연요소가 전혀 없다.

산업혁명이 시작되고 도시들이 갑자기 성장할 때, 공

장, 창고, 기차역, 주거 그리고 도로를 끝없이 건설했지만, 공원을 만들지는 않았다. 공장에서 그리고 증기기관차에서 뿜어져 나온 검은 연기가 도시를 가득 메웠고 아이들뿐만 아니라 어른들까지 호흡기 질병에 고통 받았다. 특히 산업혁명을 선도한 영국의 수도이자 19세기 세계 최대 도시였던 런던에는 공장, 기관차, 발전소, 그리고 가정에서 배출된 연기가 런던 특유의 안개와 결합하여 많은 사람들을 고통스럽게 하였다. 1952년 12월에 발생한 '그레이트 스모그(Great Smog)'는 만2천명의 사람들을 사망에 이르게 하였다.

산업도시의 공기오염이 시민들의 건강을 위협할 때, 도시에 도입된 공간이 바로 공원(park)이었다. 최초의 공공공원이 산업혁명의 발상지 중에 하나였던 영국 리버풀시에 1847년 개장한 버켄헤드 공원(Birkenhead Park)인 것은 우연이 아니다. 순수 공원 면적이 125에이커에 이를 정도로 대규모 공원으로 당대 영국의 유명한 조경가였던 조셉 팍스턴(Joseph Paxton)이 설계하였다. 이 공원이 개장 한 이후 산업공해로 시달렸던 지역 주민들의 건강과 복지를 증진시켰으며 삶의 질을 향상하는데 크게 기여하였다.

버켄헤드 공원에서 영향을 받은 공원 중에 하나가 바로

그 유명한 뉴욕의 센트럴 파크이다. 지금은 센트럴 파크가 없는 뉴욕이나 맨해튼을 상상할 수 없지만, 1811년 뉴욕위원회가 맨해튼을 처음 계획할 때는 센트럴 파크과 같은 대규모 공원은 계획하지 않았다. 지금의 월스트리트에서 맨해튼 북쪽 끝까지 오로지 길과 건물을 지을 필지만 있는 도시를 계획하였다. 뉴욕의 인구가 급속히 증가하던 1840년대 대규모 공원이 필요하다는 여론이 형성되었고, 1850년대 공식적으로 추진되기 시작하여 1853년 뉴욕주 의회에서 센트럴 파크 법(Central Park Act)을 제정하였다. 프레데릭 옴스테드(Frederick Law Olmsted)의 설계안에 따라 조성된 센트럴 파크는 1858년 처음 대중에게 공개되었다.

프레데릭 옴스테드의 설계는 당시로서는 매우 독특하였다. 오늘날 풍경식 조경(picturesque landscape)이라고 불리는 그의 조경은 르네상스나 바로크 양식의 기하학적 패턴을 가진 조경과 달리 마치 전원의 자연 풍경을 닮은 조경이었다.

전체 843에이커의 공원은 250에이커의 잔디밭과 80에이커의 숲, 150에이커의 수공간을 포함하고 있다. 2만 본이 넘는 나무와 9천개가 넘은 벤치, 동물원, 테니스장, 구기장, 놀이터 등 다양한 시설을 포함하고 있다. 코로나19 팬데믹 이전에는 연간 4천만 명이 넘는 방문객이 찾는 전

세계 도시공원을 대표하는 지위를 누리고 있다. 오늘날 센트럴 파크는 뉴욕의 '허파'로 불리면서 세계에서 가장 바쁜 뉴요커들의 신체적, 정신적 스트레스를 해소해 주는 소중한 장소이다.

프레데릭 옴스테드는 "풍경을 즐기는 것은 피로하지 않게 마음을 사용하면서, 훈련시키고, 진정시키면서 동시에 마음에 활기를 불어 넣는다. 뿐만 아니라, 마음은 몸에 영향을 주기 때문에, 온 몸에 상쾌한 휴식과 재활력을 주는 효과도 가져 온다."[7]라고 말하였다. 나무와 꽃과 물이 어우러진 공원의 풍경을 보는 것이 바쁜 도시인의 몸과 마음을 치유하는 효과가 있다는 것을 강조한 말이라고 볼 수 있다.

버켄헤드 공원과 센트럴 파크 등의 경험으로 이후 도시 내에 공원을 조성하는 것이 당연한 도시계획원리로 받아 들여졌고, 각 도시를 대표하는 공원도 하나 정도 가지게 되었다. 센트럴 파크가 조성되던 비슷한 시기에 파리에서는 나폴레옹3세와 오스망 남작의 파리 대개조 계획이 진행되고 있었고, 이 계획에 따라 블로뉴 숲(Bois de Boulogne)과 방센느 숲(Bois de Vincennes)이 조성되어 지금까지도 파리를 대표하는 녹지공간으로 시민들의 사랑을 받고 있다. 일본 도쿄를 대표하는 우에노 공원(上野公園)도 유럽과 미국의 도시공원의 영향을 받아 1873년 조성되었다.

도시를 대표하는 대규모 공원에 가면 거목 사이로 풀밭이 넓게 펼쳐져 있고, 도시 한가운데이지만 사람들은 맑은 공기를 마시면서 여유롭게 산책하고 있다. 넓게 조성된 수변에서는 사람들이 바람에 잔잔하게 일렁이는 수면을 보면서 소위 '물멍'을 하거나, 잠시 누워 오수를 즐기기도 한다. 도쿄의 우에노 공원도 봄철 벚꽃놀이의 명소로 알려져 있지만, 다른 계절에도 꾸준히 시민들의 사랑을 받고 있는 공원이다.

뉴욕 센트럴 파크

도쿄 우에노 공원

도시에서 나무와 꽃과 물을 즐길 수 있는 공간이 센트럴 파크와 같은 대규모 공원일 필요는 없다. 가능하면 우리가 생활하고 있는 일상공간 주변에서 이러한 자연을 즐길 수 있는 장소가 많은 도시가 좋은 도시이다.

외국 도시에 가 보면 가로수가 멋지게 자라 길을 아름답게 만들어 주는 거리를 많이 만날 수 있다. 부산에서 가

까운 후쿠오카에도 그런 길이 있다. 후쿠오카 주오구에 있는 케야키도리(けやき通り)이다. 후쿠오카 서쪽 지역에서 도심인 텐진 지역으로 들어가는 중요한 간선도로라서 하루 내내 버스를 비롯한 자동차가 끊이지 않는 도로이다. 케야키는 느티나무인데, 이름 그대로 도로 양편을 따라 길 전체를 덮을 듯이 느티나무 거목이 줄지어 서 있다.

자동차가 많이 통행하는 간선도로이지만 느티나무 때문에 차량의 소음도 잘 들리지 않는다. 길 양편에는 평범한 모양의 중층 아파트와 상업건물이 있지만 느티나무 줄기와 잎에 가려 잘 보이지도 않는다. 보도도 제법 넓어서 사람들은 천천히 여유롭게 걸어가다가, 이 거리의 명소인 소규모 서점 '북스 큐브릭'(BOOKS KUBRICK)'에 들러 책을 구경한다. 걷는 것만으로도 저절로 기분이 좋아지는 길이다.

후쿠오카 케야키도리

케야키도리의 서점 '북스큐브릭'

우리나라에도 이렇게 나무와 꽃이 있는 아름다운 길이 점점 많아지고 있다. 전남 순천시는 자연을 즐길 수 있는 공간과 장소가 점점 더 많아지는 도시라고 할 수 있다. 순천시가 이처럼 자연친화적인 도시가 된 것은 순천만 국가정원이 유명해지면서이다. 세계적인 조경가들이 디자인한 아름다운 정원을 감상할 수 있는 순천만 국가정원의 대성공에 힘입어 순천시는 '정원도시'라는 컨셉을 확장하여 기존의 노후한 도심과 주거지역의 도시재생사업에 적용하였다.

구도심 지역의 문화의거리 일대는 2010년대 초만 해도 차도가 대부분을 차지하는 평범한 상업가로였다. 순천시는 이 길을 문화의거리로 조성하면서 차도를 1차선 일방통행으로 줄이는 대신 보도를 넓혔다. 이후 다시 보도와 차도 사이에 인공수로를 조성하였고, 보도에는 꽃을 심은 플랜트 박스를 설치하여 은행나무 가로수와 꽃과 물이 공존하는 아름다운 거리로 가꾸어 가고 있다. 거리의 풍경이 바뀌자, 문화의거리에 면한 상점들도 가게 전면을 화분으로 장식하고, 보도에 야외 테이블과 의자를 내어놓아 사람들이 쉬었다 갈 수 있도록 배려하고 있다. 이런 변화에 힘입어 한때 도심쇠퇴로 빈 점포가 증가하던 문화의거리 일대에는 각종 공방과 카페, 음식점, 문화시설이 입주하면서 활기찬 거리로 거듭나고 있다.

순천시 문화의 거리

어느 도시에 가든지 볼 수 있는 일반적인 가로수와 다른 그 도시만의 독특한 수종의 가로수는 길을 걷는 사람에게 특별한 경험을 제공한다. 충청북도 충주역 앞에는 중원대로라는 큰 차도가 남북으로 이어지면서 충주시 시가지의 서쪽 경계를 형성한다. 이 넓고 삭막해 보이는 중원대로에서 특별한 가로수를 볼 수 있다.

2022년 8월 어느 날, 기차를 타기 위해 충주역으로 가려고 중원대로의 보도를 걷고 있었다. 햇볕은 없었지만 날씨는 찌는 듯 무더웠고, 화물차를 비롯한 자동차는 엄청나게 빠른 속도로 옆을 지나면서 소음을 뿜어내어 짜증이 머리끝까지 차올랐다. 그때, 차도 옆에 심어진 은행나무 가로수와 달리, 보도 오른쪽 녹지에서 키낮은 가로수 가지마다 주렁주렁 달려 있는 열매가 눈에 띄었다. 자세히 보니 붉은색을 띠면서 탐스럽게 익어가고 있는 사과였다. 그 순간 무미건조하던 중원대로 넓은 차도가 마치 동구 밖 과수원 길처럼 보이기 시작했다.

알고 보니 충주시는 1997년 중원대로 1.6km 구간에 사과나무를 심어 전국 최초로 사과나무 가로수길을 조성하였고, 그 이후 차츰 식재 구간을 늘이고 있다는 것이다. 가을에 사과가 빨갛게 익으면 어린이를 포함하여 시민들과 함께 수확하여 복지시설 등 어려운 이웃을 돕는 데 사용하고 있다.

충주시 사과나무 가로수길   무주군 안성면 행정복지센터

나무, 꽃 그리고 물과 같은 자연은 때로 행정관청의 딱딱한 이미지도 한순간에 바꾸는 힘이 있다. 전북 무주군 안성면 행정복지센터는 건축인들 사이에 제법 유명한 건물이다. 무주군 공공건축가로 활약하였던 고 정기용 선생이 설계하였기 때문이다. 특히 이 건물은 시골에 목욕탕이 없어서 불편을 겪고 있다는 지역 어르신들의 말을 정기용 선생이 귀담아 듣고 전국 최초로 행정복지센터에 조그만 공공목욕탕을 계획하여 조성한 사례로 유명하다.

안성면 행정복지센터는 목욕탕 외에도 일반적인 행정관청과 다른 점이 있다. 바로 행정복지센터 현관으로 들어가는 곡선형 진입통로이다. 아무 생각 없이 현관을 향해 걷다가 위를 쳐다보면 통로 상부의 지붕 구조를 따라 머루나무가 실하게 자라고 있고, 무성한 이파리 사이로 머루송이들이 주렁주렁 매달려 있다. 초록색 머루송이를 보는 순간, 딱딱한 공공건물의 입구는 어느새 느린 걸음으로 걸어가면서 이 송이 저 송이 눈으로 맛보는 풍요로운 공간으로 변한다.

2.

햇볕과 그늘이 공존하는 공간

 최근 기후 온난화의 영향으로 지구의 온도가 조금씩 높아지고 있다. 그 때문인지 우리나라에는 겨울이 짧아지면서 봄과 여름이 점점 길어지고 있다고 한다. 폭염이나 열대야가 나타나는 횟수도 점점 많아지고 있다.

 햇볕을 오랫동안 쬐거나 뜨거운 환경에 장시간 노출되면 신체의 체온 조절 기능이 저하되고 탈수현상이나 심지어 일사병이나 열사병과 같은 온열질환에 걸리기도 한다. 신체적인 질환뿐만 아니라, 열 스트레스로 인하 짜증이 증가하고 수면 장애를 겪기도 하며 불안감이나 우울증을 경험하기도 한다.

 자연이 많은 농촌지역보다, 건물과 도로가 대부분인 도시에서는 더위의 영향을 더 많이 받는다. 특히 높은 빌딩으로 가득 찬 도심은 여름철 햇볕뿐만 아니라 자동차의 운행과 에어컨 같은 기계설비의 가동으로 다른 지역보다 온도가 높아지는 열섬현상이 나타난다.

이처럼 여름 더위가 점점 심해지면서 각 도시들마다 앞다퉈 소위 '폭염 그늘막'을 설치하고 있다. 주로 보행자들이 녹색 신호를 기다리며 서 있는 횡단보도 주변에 많이 설치되어 있다. 신호 대기시간 동안 여름철 따가운 햇볕을 피할 수 있게 된 시민들도 이 그늘막에 대해 매우 만족하고 있다. 그 결과, 폭염 그늘막은 소위 '히트 행정'으로 칭송받으면서 짧은 시간에 전국으로 확산되었다.

최초로 폭염 그늘막을 설치한 지자체는 서울 동작구청이라고 한다. 당시 구청장이 횡단보도에 대기하는 시민들이 폭염에 힘들어하는 모습을 보고 구청 창고에 보관하고 있던 행사용 접이식 텐트를 설치하는 것을 제안했다고 한다. 후일 구청장은 언론 인터뷰에서 구청 직원들에게 그늘막 설치의 공을 돌렸다.

폭염 그늘막을 최초로 제안하고 설치한 것은 동작구였지만, 전국적으로 확산시키는데 기여한 것은 바로 인근의 서초구였다. 서초구는 2017년 횡단보도와 교통섬에 120여 개의 고정식 파라솔형 그늘막을 설치하였을 뿐만 아니라, 서초구의 옛 지명을 딴 '서리풀 원두막'이라는 이름을 붙여 서초구의 대표 행정으로 브랜딩하고 마케팅하였다. 그 결과, 폭염 그늘막은 서초구를 대표하는 우수 행정으로 평가받았으며, 2017년 유럽의 친환경상인 '그린 애플 어워즈(The Green Apple Awards)'를 수상하는 성과를 거두었다.

동작구가 행사용 접이식 텐트를 여름철에만 임시 설치하는 형태로 도입하였고, 서초구가 고정형 기초와 기둥을 설치하여 펼쳤다 접을 수 있는 파라솔형으로 진화시킨 폭염 그늘막은 최근 일출 시 자동으로 펼쳐지고, 일몰이나 강풍 시에는 자동으로 접혀지는 '스마트 그늘막'으로 발전하고 있다.

지금은 전국 어느 도시에 가든 도시행정의 필수품처럼 곳곳에 설치되어 있지만, 보도나 교통섬에 설치되어 있는 폭염 그늘막은, 폭염 시에 유용하긴 하지만, 볼 때마다 어딘가 거북한 점이 있다. 우리나라 도시의 보도는 다른 나라 도시에 비해 넓은 편이 아니다. 게다가 좁은 보도에는 전봇대, 통신주, 신호등주, 변압기, 자전거도로 등 각종 시설물들이 설치되어 편하게 걸어 다닐 수 있는 공간이 부족하다. 여기에 그늘막 구조물을 지탱하는 철제 기둥까지 설치되어 좁은 보도를 더 좁게 만들고 있다.

뿐만 아니라, 자외선, 바람, 매연, 눈과 비 등에 노출된 고정식 파라솔은 시간이 지나면서 풍화와 부식으로 조금씩 조금씩 파손될 수밖에 없다. 조만간 전국의 지자체들은 그늘막의 보수, 수리, 교체를 위한 예산 마련에 어려움을 겪을 것이다. 그늘막이 스마트할수록 설치비도 비쌀 뿐만 아니라 유지관리 예산도 더 많이 필요하기 때문이다. 예산마련이 어려우면, 고장 난 채로 방치되거나, 철거 대상이 될 수도 있다.

경남 함양군 파라솔 그늘막   충남 홍성군청 앞 가로수

 사실 가장 좋은 그늘막은 파라솔 그늘막이나 스마트 그늘막이 아니다. 가장 좋은 그늘막은 넓은 그늘을 드리우는 '가로수'가 아닐까?

 2022년 8월 여름 땡볕이 한창이던 어느 날, 충남 홍천읍을 방문하였다. 아스팔트 차도와 붉은 벽돌 보도는 햇볕에 달궈져 보기에도 뜨거워 보였다. 조금만 걸어도 땀이 줄줄 흘렀다. 그때 횡단보도 맞은편에 커다란 나무그늘을 발견하였다. 그리고 그 아래에 차가 멈추길 기다리는 두 명의 아주머니가 그늘에 편안하게 서 있는 것이 보였다. 주변은 온통 한증막처럼 보였지만 나무 아래는 다른 세상이었다. 그늘 오른쪽 경계부에는 평화의 소녀상도 그늘에 앉아 쉬고 있었다.

파라솔 그늘막은 잠시 쉬어갈 수는 있어도 오래 머물러 있기에는 뭔가 부족하다. 그에 반해 홍성의 가로수 그늘은 평화의 소녀상처럼 편안히 쉬기에 충분해 보였다. 한증막 같은 도로 한가운데 있는 시원한 별세계였다.

우리나라에는 1980년대 이후 신도시들이 많이 건설되었다. 1988년 서울 올림픽을 전후해서 주택난이 심각해졌고, 부동산가격이 천정부지로 올랐다. 깜짝 놀란 노태우 정부는 1989년 서울의 남쪽과 북쪽에 대규모 신도시를 조성하는 계획을 발표하였다. 대한민국 신도시를 대표하는 분당과 일산이었다. 분당 신도시 시범단지는 1991년 첫 입주가 시작되었다. 그때로부터 30년이 지난 지금 분당을 포함하여 1기 신도시를 재건축해야 한다고 주민들이 요구하고 있고, 정치권에서도 이에 화답하여 관련 법을 통과시키고 계획을 수립하고 있다.

1990년대 시범단지가 처음 입주를 시작했을 때, 주변은 온통 공사판이었고, 나무 한 그루 없어 공사차량이 지날 때마다 먼지가 날려서 첫 입주민들은 많은 불편을 겪었다. 하지만, 지금 분당 시범단지를 방문해 보면 그때 심은 나무들이 아름드리 거목이 되어 신도시를 어느새 녹색도시로 변화시켰다.

아래 사진은 분당 서현동의 한양아파트 시범단지 관리사무소 옆길이다. 관리사무소 벽을 휘감은 담쟁이 넝쿨과 길 좌우의 고목이 시원한 녹색 터널을 만들었다. 오랜 기간 거주하면서 이웃이 많아진 주민들은 오가며 우연히 만나 이 녹색 터널에서 한동안 이야기꽃을 피우고 있다. 허허벌판이었지만 오랜 세월과 자연이 협력하여 주민들이 자연스럽게 머무는 공간이 저절로 만들어진 것이다.

분당 서현동 보행자 도로

폭염이 한창일 때, 그늘진 장소에 앉아 좀 쉬고 싶을 때, 항상 생각나는 곳이 있다. 바로 전북 무주군에 있는 등나무운동장이다. 우리나라에서 필자가 가장 아름답다고 생각하는 체육시설이기도 하다. 1996년부터 2008년까지 무주군의 공공건축가로 활동했던 정기용건축가의 작품이다.

당시 재직했던 무주군수가 군민들에게 공설운동장 지역 행사에 왜 많이 참석하지 않느냐고 물었다. 그때 군민들은 군수와 지역 유지들만 그늘이 있는 본부석에 앉아 있고, 군민들은 땡볕에 있으라고 해서 안 간다고 대답했다. 이 말을 듣고 크게 깨달은 군수는 군청 직원들에게 운동장에 등나무를 심어 그늘을 만들라고 지시했다. 운동장 주변에 심은 240여 그루의 등나무가 제법 자라자 군수는 당시 무주군 공공건축가였던 정기용 선생에게 군민들이 앉는 관람석을 등나무 그늘로 덮을 수 있도록 상부 구조물 설계를 부탁하였다.

이 말은 들은 정기용 선생은 군민들의 소리에 귀를 기울여 등나무를 심어 놓은 것으로 이미 건축은 다 해 놓은 것이나 다름없다고 생각하였다. 구조물이 관람객들의 시야를 가리지 않도록 기둥은 관람석 맨 뒤에 설치하였고, 기둥과 천정의 구조는 비싼 부재가 아니라 일반적으로 구할 수 있는 가느다란 원통형 철 파이프를 묶어서 사용하였다. 그 결과 저렴한 예산으로, 눈에 잘 띄지 않는 경쾌하고 튼튼한 구조물을 완성할 수 있었다. 성장성이 좋은 등나무는 금세 정기용 선생이 설계한 지붕구조물을 따라 자랐고, 어느새 관람석 전체를 뒤덮는 멋진 초록색 지붕이 되었다.

2021년 7월 몹시 무더웠던 어느 날 무주군 등나무운동장을 방문하였다. 햇볕이 쬐는 운동장에 있다가 등나무 그늘이 드리워진 관람석으로 올라가니 기온이 3~4°는 떨어지는 느낌이었다. 관람석에 가만히 앉아 운동장을 보고 있으니, 약한 바람에도 마치 에어컨을 켜놓은 듯 시원해 졌다.

여름에는 무성한 등나무 이파리가 지붕을 덮어 시원한 그늘을 제공하지만, 가을에는 단풍이 들어 멋진 황갈색 지붕으로 변할 것이고, 무주의 추운 겨울에는 따뜻한 햇볕을 관람석에 비추어 줄 것이다. 연보라색 등나무 꽃이 만발하는 봄이 되면 관람석에 꽃향기가 진동한다.

군민들이 기피하던 평범한 공설 운동장이 사계절 사랑받는 공공공간으로 변화하였다. 군민들은 행사가 있을 때만 오는 것이 아니라, 언제나 찾아와서 쉬었다 간다. 등나무운동장의 관람석을 옆으로 보고 있으면, 군민들의 불만에 귀를 기울이고, 등나무를 심어 그늘을 제공하면 좋겠다고 생각한 군수의 따뜻한 마음, 관람석의 군민들을 고려하면서 동시에 적은 비용으로 등나무가 타고 올라갈 수 있는 우아한 구조물을 설계한 건축가의 정성, 그리고 인간의 기대와 배려를 저버리지 않고 무성하게 자란 등나무의 본성이 보인다. 군수, 건축가 그리고 자연 사이의 감응과 협력이 이렇게 멋진 운동장을 만들었음을 알 수 있다.

무주군 등나무 운동장

하지만, 우리가 잊어서는 안되는 사실이 있다. 그늘이 소중하다고 해서 그늘만 있어서는 안된다는 점이다. 항상 그늘만 드리운 장소는 사람이 머물기에 적당한 장소가 아니다. 그런 곳은 대개 습기가 많아 축축하고, 이끼가 끼어 있으며, 때로는 퀴퀴한 냄새가 나기도 한다. 겨울철 햇볕이 전혀 들지 않고 하루 종일 그늘진 장소에는 사람이 가지 않는다. 찬바람이 몰아치는 고가도로 하부나 큰 건물 뒷골목에는 사람들이 거의 없어 황량하다.

햇빛은 인간의 건강을 위해 필수적 요소이기도 하다. 햇빛은 체내에 비타민D의 생성을 도우며, 신체의 리듬을 조절하여 수면의 질을 개선한다. 또한 뇌에서 기분을 조절하는 세로토닌 호르몬의 분비를 촉진하여 우울증 증상 완화에도 도움이 된다.

여름이 짧고 겨울이 긴 북유럽 사람들은 햇볕을 매우 좋아한다. 긴 겨울이 지나고 해가 점점 길어져 한 해 중

낮이 가장 긴 하지가 다가오면 스웨덴을 비롯한 북유럽에서 하지 축제가 시작된다. 모두 집에서 나와 전통 음식과 술을 먹고 마시며 여름 햇빛을 즐긴다. 여름뿐만 아니라 하늘이 맑고 햇볕이 내리쬐는 날이면 봄이나 가을, 심지어 겨울에도 옷을 훌렁 벗고 공원 풀밭 위에서 일광욕을 즐기는 모습을 볼 수 있다.

영국 런던 러셀 스퀘어(Russel Sqare)　　목포시 폐선공원

우리나라를 비롯한 동아시아 사람들은 햇빛 속의 자외선으로부터 피부를 보호하기 위해 가능한 직사광을 피하려고 하는 경향이 있다. 그럼에도 불구하고 쨍쨍한 햇볕을 기다리기도 한다. 특히 긴 장마가 끝나면 습기로 꿉꿉해진 이불을 꺼내 빨랫줄이나 베란다 난간에 말리는 모습은 동아시아 공통의 풍경이다. 난방시설이 부족했던 옛날, 겨울이 되면 추운 교실보다 따뜻한 겨울 햇볕이 내리쬐는 남향 벽 앞에서 친구들과 옹기종기 모여서 점심시간을 보내곤 하였다.

우리나라에서는 최근 철도 노선을 직선화시키면서 과거 시내를 통과하던 철도가 폐선되고 대신 그 자리를 공원으로 바꾸는 사례가 늘어가고 있다. 광주광역시의 푸른길이나 서울의 경의선 철길은 철도 폐선 공원의 대표적 사례이다. 그 외에도 창원시의 구 마산지역에 있는 임항선 그린웨이, 목포시 폐선공원, 포항시 철길숲 등이 있다.

기차가 오가던 시절 철길 주변은 시끄럽고, 분진이 많은 서민이나 빈민들의 동네였지만, 폐선을 활용하여 긴 선형의 녹지공원으로 바뀌고 난 이후에는 남루한 주택들 대신 예쁜 카페들이 하나 둘 자리 잡고 있다. 더운 여름에는 나무 그늘 아래에서 휴식을 취하고, 햇살이 좋은 봄 가을에는 주변에 사는 사람들이 나와 즐거운 시간을 보낸다.

목포같이 겨울이 따뜻한 지역에는 햇볕으로 가득한 폐선공원을 따라 걷거나 뛰면서 겨울철 부족한 운동을 보충하기도 한다. 길이가 수 킬로미터에 달하는 긴 폐선공원은 노후 시가지를 밝히고 온기를 전하는 햇볕 통로가 되고 있다.

3.

이웃과 함께 채우는 공간

　아파트는 현대인들이 가장 선호하는 주거형태이지만, 동시에 많은 비판의 대상이기도 하다. 가장 흔한 비판은 상하좌우 매우 밀접한 거리에 사람이 살고 있지만, 정작 누가 살고 있는지는 모르는 익명적 주거형태라는 것이다. 바로 옆집에 살고 있거나 같은 엘리베이터를 이용하면서도 서로 인사도 건네지 않거나, 눈도 마주치지 않는 경우도 있다. 오히려, 층간 소음으로 아래윗집 사이에 폭력을 행사하거나 살인을 저지르는 끔찍한 사건도 발생한다. 이웃이 아니라 원수가 되어 버린 것이다.

　잠재적 원수들이 가까운 거리에 살고 있는 현대의 아파트, 늘 긴장과 염려 속에 살다 보면 주거가 안식의 낙원이 아니라 신경쇠약의 지옥이 되어 버린다. 아파트뿐만 아니라 좁은 면적에 많은 사람들이 모여 사는 도시에는 늘 이런 긴장이 존재해 왔다.

그럼에도 불구하고, 인간이 농업을 시작할 무렵, 이미 도시도 형태를 갖추어가고 있었고, 문명이 발전할수록 도시의 수와 규모는 더 증가해 왔다. 좁은 면적에 많은 사람들이 밀집해 살고 있는 도시를 사람들은 기꺼이 거주지로 선택해 왔다는 것이다. 사람들이 밀접하게 거주하는 도시환경에는 어떤 장점이 있는 것일까?

좁은 면적에 많은 사람들이 거주하면 다양한 장점이 있다. 관공서, 학교, 우체국 등 공공 서비스를 주변에서 제공받을 수 있다. 식당이나 편의점 등 생활에 필요한 상점들도 가까운 거리에서 접근 가능하다. 밀도가 높다는 것은 그만큼 우리의 생활에 필요한 여러 가지 서비스의 밀도도 높다는 의미이기도 하다.

'가까운 거리에 사람이 살고 있다'는 사실이 주는 심리적이고 정신적 장점도 적지 않다. 사람이 살다 보면 여러 가지 종류의 어려움에 처하거나 위험한 상황에 빠지기도 한다. 이때, 도움을 청할 수 있는 사람이 주변에 살고 있으면 살아가는데 큰 힘이 된다.

늦은 밤, 어두운 밤길을 걸어 귀가하는 여성들은 집에 도착할 때까지 불안과 두려움에 떨 수밖에 없다. 가로등이 켜져 있지만, 중간중간 어두운 구석에 누군가 숨어 있다가 금방이라도 튀어나올 것 같다. 조마조마한 마음으로 집으로 가는 걸음을 재촉하다가, 골목 중간쯤 구멍가게가 밤늦게까지 불을 환하게 켜놓고 장사하고 있고, 큰 유리창 안에서 주인아저씨가 앉아 있는 것을 확인하는 순간, 안도의 한숨을 길게 내쉬게 된다. 오며 가며 가벼운 인사를 나누는 아는 이웃이기 때문이다. 급한 일이 발생했을 때는 언제든지 뛰어 들어가면 도움을 줄 것이라는 믿음이 있다.

2000년대 초 영국의 옥스퍼드에서 1년간 살았다. 가깝게 지내던 한인들과 이야기하다가 흥미로운 사실을 들었다. 영국의 주거지는 대개 테라스하우스(Terrace House)라고 불리는 옆집과 벽을 맞대고 있는 주택이 가운데 도로를 사이에 두고 양편에 길게 이어져 있다. 길 양편에는 그 주변에 살고 있는 주민들을 위한 노상 주차장이 있다. 낮에 보면 대부분의 사람들이 회사나 학교에 가고 모든 집에는 커튼이 내려져 있어서 마을 전체가 마치 사람이 살고 있지 않은 것처럼 조용하다.

그런데, 누군가 주차를 하려다가 잘못해서 다른 사람의 차를 살짝 박는 사고를 냈는데, 주변을 살펴보니 아무도 없는 것 같아서 그냥 차를 타고 가버렸다고 가정하자. 많은 한인들은 그럴 경우 거의 대부분 경찰에 신고당할 것이라고 입을 모았다. 왜냐하면 아무도 보지 않을 것 같은 조용한 주거지이지만, 근처 어느 집의 누군가는 커튼 사이로 사고를 목격하고, 아무 조치 없이 현장을 떠나는 가해 차량을 피해차량 주인에게 연락하거나 경찰서에 신고한다는 것이다. 혹시라도 주거지에서 사고를 내고 주변에 아무도 없더라도 반드시 피해차량에 연락을 하거나 메모를 남겨야 한다고 조언했다.

이처럼 이웃사람들은 주변에 살고 있는 사람이 어려움에 처하거나 곤란한 상황에 빠져있는 것을 본다면 언제든지 도움의 손길을 보낸다. 수상한 사람이 옆집 주변을 서성거리면 경찰서에 신고를 할 것이며, 휴가를 떠난 옆집에서 연기가 피어오르면 지체 없이 소방서로 전화할 것이다. 가까운 거리에 살고 있는 사람은 스트레스의 원인이기도 하지만, 한편으로는 신뢰(trust)와 안심의 근원이기도 하다. 긴장과 불안이 상존하는 익명적 도시에서 우리에게 위안을 주는 존재인 것이다.

이러한 가치들을 우리는 사회적 자본(social capital)이라고 부른다. 우리가 살고 있는 도시에 신뢰할 만한 이웃이 살고 있거나, 일하고 있거나, 놀고 있는 공간이 있다면, 그 공간은 이러한 사회적 자본이 형성되고 축적되는 공간이다.

과거 미국 주택에는 포치(porch)라고 부르는 공간이 있었다. 주택 전면에 길과 앞마당을 향해 있는 공간이다. 흔히 현관이라고 번역하기도 하지만, 현관과는 다르다. 현관 옆에 있을 뿐만 아니라 기능이 다른 독자적인 공간이다. 포치는 집에 들어가기 전에 통과하는 매개공간이라기 보다는 길이라는 공공공간과 집이라는 사적 공간 사이에서 가족들이 시간을 보내기 위해 만든 독자적 공간이다. 벽은 없지만, 지붕이 있고, 바닥은 길이나 마당보다 조금 높다. 가장자리에는 낮은 난간이 설치되어 있고, 테이블, 흔들의자, 해먹 등이 있어서 가족들은 여기에 나와서 거리를 바라보면서 시간을 보낸다. 아는 이웃이 지나가면 인사도 나누고 때로는 길 건너편 집의 포치에 앉아 있는 이웃과 대화를 하기도 한다.

아침 일찍 문을 열고 밤늦게까지 영업하는 마을의 오래된 상점은 이웃 의식이 형성되는 중요한 장소이다. 한 자리에서 몇 십 년 상점을 운영하면서 많은 단골손님을 확보하고 있는 상점 주인은 거리의 터줏대감이다. 상점에 들어오는 손님들뿐만 아니라 상점 앞을 지나가는 동네 사람들과도 반갑게 인사를 나누며 근황을 물어본다. 이런 인사와 대화를 통해 그는 동네 사람이 요즘 어떤 일을 하고 있으며, 어떤 형편에 처해 있는지 자연스럽게 파악한다. 어려움에 처한 이웃이 있을 때, 누군가 도움을 줄 수 있는 사람을 연결시켜 주거나, 자기가 직접 연락하여 어려움을 극복할 수 있도록 부탁하기도 한다.

일본 다이토구의 야나카긴자(谷中銀座)는 동네 주민들뿐만 아니라 관광객들도 많이 찾는 상점가이다. 식료품점, 정육점, 식당, 꽃집, 이자카야, 오뎅집 등 주민들이 필요한 모든 종류의 상점들이 활기차게 영업하고 있다. 몇십 년 단골인 동네 할머니는 바스켓이 달린 자전거를 끌고 가면서 가게 주인과 오랫동안 대화한다. 초고령화 사회인 일본에는 혼자 사는 노인들이 많다. 자기가 사는 집 주변에서 긴 세월 함께 해 온 상점들은 노인들이 자연스럽게 고립된 세계를 벗어 나 이웃과 이야기하고 교류할 수 있는 공간이다.

야나카긴자는 단순히 물건만 사고파는 상점거리가 아니라 온갖 소식을 주고받는 일종의 마을회관이기도 하다. 이런 상점들 중에서 몇몇 상점이 밤늦게까지 불을 켜놓고 영업을 하고 있다면, 그곳은 단순한 상점이 아니라 밤길을 지켜주는 방범초소이기도 하다.

도쿄 야나카긴자의 상점

전북 남원시의 길모퉁이 상점

도시의 오래된 마을에 가 보면 거의 반드시 자연스럽게 형성된 이웃들의 공간이 있다. 2018년 9월 전북 부안군을 답사하다가 부안읍내의 오래된 마을 한곳을 지나고 있었다. 마을 가운데 주민들의 공용 주차장으로 사용하는 넓은 마당 구석에서 잘 가꾼 정자 하나를 발견하였다. 출입구 위에는 '부풍마을 쉼터'라는 손글씨 현판도 하나 걸려 있었다. 쉼터 외부를 둘러보니 재활용품 수집장에는 각종 쓰레기가 종류별로 가지런히 정리되어 있었다. 쉼터의 긴 처마 그늘 아래에는 그네의자가 놓여 있었고, 쉼터 뒤편으로는 운동기구들도 몇 개 설치되어 있었다. 유리창을 통해 내부를 들여다보니 TV, 음료대, 소파, 방송장비 등 주민을 위한 시설이 제 자리에 단정하게 설치되어 있었다. 반질반질 윤이 나는 마룻바닥은 누군가 매일 쓸고 닦고 있다는 증거였다.

규모가 크거나 비싼 재료로 만든 쉼터는 아니었지만, '부풍마을 쉼터'는 마을 주민들을 위한, 마을 주민들의 공간임을 바로 알 수 있었다. 지나가는 사람이 잘 보이는 쉼터 유리창에 붙여 놓은 "편안하게 쉬어 가세요. 시원한 물, 따뜻한 물 드세요."라는 안내문은 이 공간이 주민만이 아니라 지나가는 사람 모두를 위한 공간이라고 말하는 듯했다.

전북 부안군 동중리 부풍마을 쉼터

 조금 더 적극적인 이웃 공간도 도시에서 찾을 수 있다. 최근 우리나라에서도 관심이 많아지고 있는 '커뮤니티 가든'도 그중에 하나이다. 활용되지 못하고 방치되어 있는 동네의 빈 땅에 주민들이 모여 함께 채소나 화훼를 재배하는 장소이다. 도시 교외에 취미로 혹은 적은 수입을 목표로 농사를 짓는 개인 텃밭과 달리 커뮤니티 가든은 주민들이 살고 있는 동네 안이나 주변에 마련하여 주민들이 함께 농사도 짓고 정원도 가꾸면서 서로 교류하는 공간이다.

 베를린의 프린체시넨 게르텐(Prinzessinnengärten)은 가장 유명한 커뮤니티 가든 중에 하나이다. 2차 세계대전 당시 폭격으로 방치되어 있던 1,800여 평의 산업부지에 2009년 인근 주민들과 자원봉사자들이 소규모 도시농장을 조성하고 다목적 공간으로 활용하기 시작했다. 자연, 농업, 이웃을 접하기 어려웠던 주변 주민들의 참여가 늘면서 카페, 도서관, 식당(농장에서 재배한 야채 이용), 어린이 놀이시설 등을 조성하고 직접 운영하면서 정기적인 세미나, 워크숍, 교육, 영화상영, 공연, 벼룩시장, 축제 등 다양한 프로그램도 제공하고 있다. 도시 한가운데이지만 벌통도 설치하여 양봉도 하고 있다.

주민들이 만든 시설이나 텃밭은 컨테이너, 목재 팔레트, 우유 상자, 밀가루부대 등 재활용품을 사용하여 직접 하나씩 만들어 나갔다. 1,000여 명의 자원봉사자를 비롯한 주민들의 자발적 참여와 유기농 재배 수익금으로 운영되고 있는 프린체시넨 게르텐은 주민들만이 아니라 방문객들까지 찾아오는 명소가 되었다. 한때 재개발 압력으로 개발업체에게 부지를 빼앗길 뻔했던 위기를 맞기도 했으나 시민들의 캠페인, 크라우드 펀딩 그리고 반대서명 운동을 통해 지켜낼 수 있었다.

베를린 프린체시넨 게르텐 (출처 : 홈페이지)

4.
위로와 배려가 만든 공간

 지구 위에 숨을 쉬고 살아가는 생물로서 인간은 근본적으로 연약한 존재이다. 다른 동물들과 마찬가지로 태어나서, 성장하고, 늙고, 병들고, 죽는다. 젊은 시절에는 자기는 절대로 늙거나 죽지 않을 거라고 생각하는 사람도 간혹 있지만, 생물로서 인간의 한계를 벗어난 사람은 한 명도 없었다. 아무리 우수한 유전자를 가진 인간이라고 해도 어딘가 다른 사람보다 부족한 부분이 있다.

 생물로서 모든 인간이 감당해야 할 한계는 '존재' 자체에 대한 정신적, 심리적 불안으로 연결된다. 우주는 말할 것도 없고 지구의 긴 역사에 비교하면 현생 인류의 역사는 일천하다. 하물며 한 인간의 일생은 정말 찰나와도 같은 짧은 순간이다. 조만간 한 줌의 흙으로 돌아갈 '나'라는 존재는 과연 무엇일까?

 이런 인간 존재에 대한 근본적인 불안 때문에 사람들

은 뭔가 초월적인 존재에 의지하고자 한다. "절대적 존재를 인정하고 그 존재에게 자기를 맡김으로써 고통이 사라지고 영혼이 치유된다(구원된다).")"는 것은 신앙의 본질적 의미일 것이다. 그러므로 모든 종교는 인간의 가난하고 병든 영혼을 치유하는 역할을 한다. 사람이 정착했던 거의 모든 장소에는 이러한 초월적 존재를 암시하는 장소가 있다.

전남 완도군 약산도 당목마을의 사당과 당숲 통영시 봉평동 당산나무

산길을 가다보면 오랜 시간 동안 여러 사람이 하나씩 주어 온 돌멩이를 쌓아 올린 돌탑을 곳곳에서 만난다. 우리나라의 마을 입구에는 커다란 나무가 있고 그 나무 아래에는 대부분 마을사람들이 쉴 수 있는 정자가 있다. 마을 사람들은 이 오랜 고목이 여러 환란으로부터 마을을 지켜주기도 하고, 자손이 귀한 집에는 아들을 점지해 준다고 믿었다. 이런 특별한 힘을 가진 나무를 당산나무라고 부르고 밑동에는 새끼로 금줄을 둘러서 다른 나무와

구분하였다.

수백 년 동안 한자리에 서서 여름이면 마을사람들에게 넓은 그늘을 제공해 줄 뿐만 아니라, 주민들이 길을 떠날 때 안전한 여행을 기원하고, 마을로 무사히 돌아올 때 감사의 인사를 드린다. 특별한 일이 없어도 마을 사람들은 당산나무를 지나가면서 두 손 모아 기도를 한다.

항상 안전하게 주민들을 지켜주는 당산나무에게 고마움을 표시하기 위해 매년 정해진 때가 되면 마을 주민 대표들이 몸을 정결하게 하고 의관을 차려 입고 음식과 술을 준비하여 당산나무 앞에서 제사를 지낸다. 요즘에는 시나 군에서 보호수로 지정해서 함부로 훼손하지 않도록 나무를 보호한다.

천만 명 가까운 사람들이 거주하는 서울 같은 현대도시에서도 과거 도시화되기 전 농촌마을을 지켰던 고목들이 아직도 남아서 도시의 보호수가 되어 있기도 한다. 물론 이제는 당산나무보다는 보호수라는 명칭이 더 일반적이고 오가며 기도하는 사람도 적지만, 빌라와 다세대 주택이 빽빽이 들어찬 도시에서 몇몇 보호수는 인근 주민들에게 쉼터를 제공하기도 한다. 여름에는 시원한 그늘 아래 주민들이 모여 앉고, 가을에는 노란 단풍이 도시의 삭막한 풍경을 일순 바꾸어 놓는다.

일본의 도시나 마을을 걷다보면 길이나 골목 모퉁이에 신사의 건물을 작게 축소한 작은 사당[3]이 있다. 주로 인접한 마을이나 골목의 주민들의 안전과 복을 기원하기 위해 세운 작은 종교시설이다. 규모 있는 신사나 절은 여러 가지 준비해서 형식을 갖추어 참배하는 곳이지만 골목 어귀의 사당은 주민들이 일상생활 중에 오며 가며 잠시 걸음을 멈추어 예를 갖추거나 마음속으로 짧게 기도하는 것으로 대신하기도 한다. 하찮게 보이지만 시험을 치르가는 학생이나, 힘든 일을 마치고 집으로 귀가하는 노동자에게는 작은 사당 앞에 멈춰선 짧은 시간이 큰 위안과 격려의 순간일 것이다.

전북 고창읍 중앙동 일대에는 오기리딩산이라고 불리는 갓을 쓴 모양의 돌기둥이 3군데에 설치되어 있다. 과거 농업시대에 마을의 평안과 풍년을 기원하는 마을 당산의 역할을 했다. 주변 일대가 현대도시로 바뀌었지만, 아직도 도시 곳곳에 남아 있다. 오랜만에 고향을 찾은 출향민들은 어린 시절의 기억이 아직도 남아 있음을 확인하고 안도감을 느낄 수 있을 것이다.

일본 오노미치의 골목 사당   전북 고창군 오거리당산 할아버지당

 산업혁명 이후 물질문명이 우리 사회를 지배하고 있지만, 여전히 많은 사람들은 종교에 마음을 의존하고 있다. 과거에 비해 신도 수가 급감하였지만, 아직도 많은 사람들이 절, 교회, 성당이나 모스크를 찾아서 인간의 힘으로 해결하지 못하는 문제를 신에게 맡기면서 마음의 짐을 내려놓기도 한다.

 유럽의 도시를 여행하다 보면, 평범한 주거지 골목 한편에 자리 잡은 작은 가톨릭 성당을 발견하게 된다. 두껍고 육중한 문은 닫혀 있지만, 대부분 성당은 누구나 언제나 들어와서 기도할 수 있도록 잠겨 있지는 않다. 큰 문짝이지만 문 전체를 열지 않더라도 문짝 아래쪽에 조그만 문이 설치되어 있어 살짝 밀고 들어가 본다. 지중해

연안 지역의 여름이라면 성당의 외부는 뜨거운 햇볕이 내리쬐어 눈을 뜰 수 없을 정도로 밝고 덥다. 하지만 성당 내부는 마치 다른 세상에라도 온 것 마냥 선선하고 어둡다.

이탈리아 시칠리아 발레돌모의 성모마리아 성당(Chiesa Maria SS. della Purità)

유명한 관광지의 대표 성당이 아니라면, 대부분 주거지 성당 내부에는 사람이 없고, 마치 오랜 시간 동안 공기가 움직이지 않고 가라앉아 있는 느낌이다. 차츰 눈이 어둠에 적응하면, 성당 가운데 네이브(nave)의 뒷쪽으로 높은 둥근 장미창(rose window)에서 스테인드글라스를 뚫고 옅은 빛이 들어오고 그 빛을 등지고 십자가에 매달린 예수상이 서 있다.

가톨릭 신자가 아니라도, 비어 있는 긴 신도석 의자에 앉아 양손을 모으고 가만히 눈을 감게 된다. 채 5분도 되지 않는 짧은 시간이지만 각자의 초월적 존재에게 자신의 작은 바램을 전하기에는 충분하다.

II

내면을 가꾸는
치유의 공간

Coleção Humanitas pro Sanatione

sociétas

1.

그림으로 둘러싸인 공간

인간과 여타 동물을 구분하는 기준이 여러 가지 있겠지만, 예술도 그 중에 하나이다. 아름다운 풍경을 보면 빈 종이에 그대로 옮겨 놓고 싶다. 기분이 좋으면 나도 모르게 콧노래를 흥얼거리게 된다. 신나는 음악을 들으면 팔과 다리가 어느새 그 박자를 따라 흔들거린다.

예술은 먹고사는 생존 활동을 넘어 정신적인 영역에 속하는 활동이다. 우리 앞에 놓인 예술작품은 우리의 상상력과 창의성을 자극한다. 우리는 예술가가 작품을 통해 전달하려는 메시지나 영감을 받아 때로는 깊은 슬픔을, 때로는 벅찬 기쁨을 경험하기도 한다. 이러한 예술작품과의 대면 속에서 내면 깊숙이 숨어 있는 '나'와 만나거나 혹은 형언할 수 없는 감정적 충만감을 느끼기도 한다.

우리가 응급상황이나 위협을 느끼는 상황에 처하면 심박수와 혈압이 높아지고 코르티솔(cortisol)이라는 스트레스 호르몬이 과다 분비된다. 만약 상황이 지속되어 정상상

태로 돌아가지 않으면, 우리는 만성적인 스트레스 상태에 놓이게 된다. 이때 미술작품을 실제로 창조하든 아니면 단순히 감상을 하든, 우리가 예술에 참여하면 체내의 코르티솔 호르몬의 수치를 낮추고 스트레스를 줄이는 효과가 있다고 알려져 있다.

우울한 상황에 빠져 있거나, 말 못할 사정으로 답답할 때, 좋아하는 노래를 목이 터져라 큰 소리로 부르고 나면 가슴이 뻥 뚫리는 경험을 한다. 그림을 그리다 보면 마음의 응어리가 풀리고 치유받는 느낌이 들 때가 있다. 바로 여기에 예술의 치유하는 힘이 있는 것은 아닐까?

일반적으로 미술작품은 실내에 설치되어 전시되는 경우가 많다. 하지만 1960년대 이후 '공공미술'[36]이라는 이름으로 미술작품은 도시의 공공공간에 적극적으로 설치되었다. 이런 배후에는 많은 예술가들이 미술관이나 화랑과 같은 엘리트 위주의 전통적인 예술 공간을 넘어 대중에게 직접 작품을 선보이며 많은 관객층과 소통하려고 노력했기 때문이다.

공공미술작품에는 기념물/기념비, 벽화, 모자이크/타일장식, 조각상 등 전통적인 미술형식이 많이 사용되었으나, 최근에는 기술과 미디어의 발달로 조명 아트, 미디어 아트, 인터랙티브 아트, 퍼포먼스 아트 등 다양한 예술형식으로 확대되고 있다.

부산 영도 깡깡이마을의 벽화

가장 오래되었고, 가장 흔하게 발견할 수 있는 공공미술 중에는 기념비 혹은 기념조각상 등이 있다. 한 도시나 지역이 배출한 위대한 인물을 기리거나, 지역 사회 전체가 기뻐하고 환호했던 사건을 잊지 않기 위해 세운 것이다. 이러한 공공미술은 지역 사회의 일원으로서 자부심과 긍지를 고양시킨다.

지역사회의 많은 사람들이 희생된 큰 사건이나 역사적 비극을 잊지 않고 기억하기 위해 세운 기념물도 있다. 당시에는 입 밖에 거론하는 것조차 금기시되었던 비극적인 사건은 시간이 지나도 지역민들의 마음 깊숙이 트라우마로 남아 있다.

1988년부터 일본의 신문에 '치유'라는 말이 이따금 사용되다가, 1999년에는 200건 넘게 실리면서 '유행어 대상'까지 받았다. 이 시기에 '치유'가 이렇게 유행하게 된 배경에는 1995년 '한신·아와지 대지진'이 있었다고 한다. 6천4백여 명이 사망하고, 4만3천여 명이 부상당하면서 당시로서는 2차 대전 이후 최대의 피해를 가져온 지진이었다. 이 지진으로 다치거나 가족을 잃은 사람, 그리고 집이 파괴되어 이재민이 된 사람들은 육체적으로 그리고 정신적으로 큰 피해를 입었다.

우리나라 신문에서 치유라는 단어가 본격적으로 사용되기 시작한 시대는 1980년대였다. 1980년 5·18 광주민주화운동으로 희생되거나 고통을 겪은 광주시민들의 아픔에 대한 치유방안이 논의되었기 때문이다.

시간이 흘러 사건의 전모가 밝혀지고, 가해자들의 처벌과 반성 위에 희생자들의 용서와 화해가 결합되어 세워진 기념비는 주민들의 가슴속 트라우마를 치유한다. 이런 공공미술을 통해 한 도시의 주민은 지역의 일원으로서 정체성을 형성하며, 그 사회에 대한 소속감을 키우고, 함께 사는 사람들과 연대감을 가지게 된다.

타이페이의 다퉁구(大同區)에는 다다오청 공원(大稻埕 公園)

이라는 작은 공원이 있다. 이 공원 한 켠에는 접이식 의자에 걸터 앉아 공책을 펼치고 뭔가를 적고 있는 한 할아버지 조각상이 놓여 있다. 그의 앞과 옆에는 돌 테이블과 벤치가 놓여 있어서 동네 주민들도 한가하면 차를 들고 와서 옆에 앉아 마신다. 할아버지 손을 잡고 공원에 놀러 온 동네 꼬마는 할아버지 조각상에 다가가서 들고 있는 연필을 뺏으려고 한다. 조각상이 아니라 마치 살아 있는 동네 할아버지와 동네 꼬마가 서로 장난 치고 있는 것처럼 보인다.

이 조각상의 주인공은 타이완의 국민 작사가로 불릴 정도로 많은 유행가를 작사한 리린츄(李臨秋, 1909-1979) 선생이다. 실제로 생전에 그가 살던 집이 바로 이 공원 근처였으며, 이 공원에 나와 차를 마시며 작사를 즐겨 했다고 한다. 이미 타계하신지 오래되었지만, 살아생전의 모습으로 공원에 앉아 동네 사람들과 만나고 대화하고 장난 치고 있다. 이 조각상으로 다다오청 마을 사람들은 그를 자랑스럽게 여기며, 동네 아이들도 자연스럽게 다다오청 사람으로 커 갈 것이다.

타이페이 다다오청 공원의 리린츄 선생 조각상

 스페인 말라가(Málaga)의 도심 북동쪽에 메르세드 광장(Plaza de la Merced)이 있다. 이 광장 구석의 나무 그늘 아래 벤치에는 한 노인의 조각상이 있다. 근처 아파트에서 산책 나온 것처럼 맨 발에 샌달만 신고 왼 손에는 스케치북을 들고 앉아 있다. 그는 스페인 말라가 출신의 세계적인 화가 파블로 피카소(Pablo Picasso, 1881~1973)이며, 메르세드 광장 주변에서 살았있다. 전 세계에서 가장 유명한 화가인 피카소가 앉아 있는 벤치에는 하루 종일 말라가를 방문한 관광객들이 찾아와 옆자리에 앉아서 함께 기념사진을 촬영한다. 주민들과 말라가의 아이들도 피카소 옆자리에 앉아 말라가 사람임을 자랑스러워한다.

스페인 말라가의 메르세드 광장　　　　부산 산복도로 계단벽화

도시에는 예술과 문화를 사랑하는 시민들이 많이 살고 있다. 자기 스스로 예술을 창작하는 능력이 없어도 예술을 사랑하는 마음을 보여주는 시민들도 많다. 작은 사설 미술관을 마련하여 평생 수집한 미술작품을 전시하면서 이웃이나 시민들에게 예술을 즐길 수 있는 기회를 제공하는 사람들은 우리 주변에도 많이 찾아볼 수 있다. 대개 이런 사설 미술관은 가정집을 개조하거나 작은 건물을 지어서 마련하는 경우가 많고, 거기에는 대부분 작지만 정성껏 가꾼 아름다운 정원이 함께 있다.

이렇게 사설 미술관을 마련하지는 못하지만 예술을 사랑하는 사람 중에는 자기 집이나 상점의 일부를 이용하여 한 두 점의 작품을 전시하여 이웃과 함께 즐기려는 경우도 있다.

순천시 조곡동 주택 앞 조각상

전북 남원시 가게 앞 조형물

안도타다오의 미술관과 빈집 프로젝트로 유명한 일본 나오시마 섬에는 구석구석 재미있는 장소와 공간이 많다. 이 섬의 중심공간인 혼무라의 골목을 무심코 걷다가, "어!"하면서 발견한 '창문하나 갤러리(一窓ギャラリ-)'. 그야말

로 골목으로 난 창문 안에 그림 하나를 걸어 둔, 창문 하나가 전부인 갤러리이다. 재미있는 것은 이 그림은 집주인이 보기 위해 걸어둔 것이 아니다. 그림은 바깥을 향하여 걸려 있다. 집 안에 있는 사람을 위한 것이 아니라, 집 밖에 있는 사람을 위한 것이다.

나오시마의 창문하나 갤러리

나오시마에는 베네세 그룹이 관여한 아트 프로젝트들이 많지만, '창문하나 갤러리'는 순수하게 이 집 주인의 개인적인 프로젝트로 보인다. 그림 자체가 수준 높은 작품은 아닌 듯이 보여지기 때문이다. 골목을 지나는 동네 주민 혹은 아트 프로젝트를 보러온 관광객들에게, 비록 수준은 그렇게 높지 않지만, 집주인이 자기가 좋아하는 그림 한 점을 보여주려는 따뜻한 마음이 느껴진다.

이 '창문하나 갤러리'가 있는 집은, 바로 나오시마 혼무라의 농협 앞 담배가게이다. 늘 상점 문을 열어놓고 장사하시는 할아버지의 갤러리이다. 예술과 문화가 시골 섬마을의 촌로를 어떻게 바꾸어 놓을 수 있는지 잘 보여 준다.

2.

글로 읽어 내려가는 공간

　도시에는 여러 종류의 상점들이 있어서 사람들이 필요한 물건을 팔거나 서비스를 제공한다. 옷, 신발, 문방구, 전기철물, 과자, 과일, 커피, 술 그리고 음식을 파는 가게들은 우리 주변에서 가장 흔하게 보는 상점들이다. 이런 상점들은 우리가 필요할 때면 찾아갔다가 물건이나 서비스를 구매하고 값을 치르고 나면 더이상 머무르지 않고 서둘러 떠나는 경우가 많다.

　하지만 상점 중에는 꼭 필요하지 않아도 들르거나, 물건을 사지 않아도 꽤 오랜 시간을 머물면서 물건을 살펴보는 경우도 있다. 그 대표적인 경우가 서점이다. 책을 파는 서점은 묘하게 사람들을 끌어들이는 매력이 있다.

　책이 늘 많은 사람들과 친밀한 관계를 유지했던 것은 아니다. 과거에는 책을 흔하게 구하기 어려웠다. 글자를 기록할 수 있는 종이와 같은 매체가 발달하지 않았기 때문이다. 점토판이나 거북의 등껍질, 대나무 등을 사용하였기 때문에 부피도 상당했고 기록할 수 있는 양도 적었다. 책이 있다고 해도 과거에는 공교육이 거의 없었기 때문에 책을 읽을 수 있는 사람도 극소수에 불과했다.

유럽의 중세시대만 하더라도 책은 수도원에나 가야 볼 수 있는 귀한 것이었다. 선별된 수도사들이 예배하고 잠자는 시간을 제외하고 필사실(scriptorium)에 앉아 비싼 양피지에 한 글자 한 글자 필사하여 책 한 권을 완성하였기 때문이다. 이렇게 만든 책들은 정성들여 양장하고, 아무도 들어가지 못하는 수도원의 장서각(library)에 소중하게 보관하였다. 몇몇 수도원 장서각에서는 함부로 책을 가져가지 못하도록 각각의 책에 쇠사슬을 채워 놓아 책이 꽂혀있는 서가 주변 책상에서만 읽을 수 있도록 제한하기도 했다.

고대 이집트의 도시 테베의 도서관 입구에는 '영혼을 치유하는 장소[ΨΥΧΗΣ ΙΑΤΡΕΙΟΝ]'라는 글이 그리스어로 새겨져 있었고, 고대 알렉산드리아의 도서관에서는 책을 '영혼을 치유하는 약'이라고 불렀다고 한다. 이미 2000년 전의 고대인들도 도서관의 책이 단지 지식 전달의 도구나 기록용 수단에 그치는 것이 아니라, 영혼을 치유하는 힘을 가지고 있다는 것을 알고 있었다. 이러한 책에 대한 믿음은 그 후에도 계속되어 유네스코 세계유산에 등재된 중세 수도원인 스위스의 생갈 수도원(Abbey of St. Gall)의 장서각 입구 문 위에도 '영혼을 치유하는 장소'라는 현판이 걸려 있다. 스웨덴의 명문대학인 웁살라 대학(Uppsala University)의 도서관에서는 이 구절을 새긴 장서표를 소장 도서의 표지에 붙여 놓고 있다.

스위스 생갈 수도원 장서각 출입구(출처:위키미디어)

책이 가진 치유의 능력을 활용하는 것이 바로 '독서치료(bibliotheraphy)'이다. 제2차 세계대전 당시, 군인들이 독서를 통해 치유와 심리적 도움을 받으면서 독서치료가 널리 보급되는 계기가 되었다.

오늘날처럼 정부가 일반적인 국민을 위하여 도서관을 만들기 시작한 것은 그리 오래전 일은 아니다. 18세기 말 프랑스 시민혁명이 일어난 이후, 민주주의에 기반한 공화국이 자리 잡기 시작하면서이다. 국민이 국가의 주인이 되기 위해서는 국민 스스로가 주인으로서의 기본적인 소양을 갖추어야 했고, 국가는 공적인 교육을 제공하였다. 공립 학교와 함께 공립 도서관이 세계적으로 나타난 배경이다.

현대의 공립 도서관은 단순히 책을 저장하는 장소가 아니라 한 인간이 책을 읽으면서 책임 있는 국민으로 성장하는 공간이다. 모든 사람이 평등하게 들어와서 책을 보면서 지적인 호기심을 충족시키고, 사회를 비판적으로 볼 수 있는 안목을 기르고, 자유롭게 자신의 생각을 표현하고, 다른 사람들과 대화하는 능력을 기른다.

책들로 가득 차 있는 도서관은 고요하고, 안전하고, 평화로운 장소이다. 책을 읽지 않아도 책에 둘러싸여 편안한 의자에 앉아 있는 것만으로도 마음이 평화로워진다. 주변에 있는 낯선 사람들도 책을 사랑하는 만큼 가능한 다른 사람들에게 폐를 끼치지 않으려는 믿을 수 있는 사람들이다. 따뜻한 전구가 켜진 낮은 스탠드 불빛에 의지하여 긴 열람 테이블에 줄지어 앉아 책을 읽고 있는 사람들은 책의 공동체라고 할 만하다. 도서관은 지역사회의 이웃과 도시의 시민을 모으고 연결하는 커뮤니티의 중심이라고 할 수 있다. 이러한 활동을 통해 도서관은 지역 주민들의 정신 건강과 복지에 기여함으로써 삶을 풍요롭게 한다.

보스톤 공립 도서관 열람실   스톡홀름 공립 도서관 중앙 홀

소설가 버지니아 울프는 책을 '영혼의 거울'이라고 불렀다. 철학자 볼노브는 "인간은 외부와의 싸움에 많이 지쳤을 때 언제든지 한 걸음 뒤로 물러나 긴장을 풀고, 자기 내면으로 들어갈 수 있는 자신만의 공간이 필요하다."라고 말했다.[5] 직장 가까이 혹은 집 근처에 조용한 도서관이 하나 있다는 것은 큰 위안이 된다.

규모가 큰 공립 도서관은 아니더라도 집 근처의 작은 서점이나 북카페도 책과 만날 수 있는 귀한 장소이다. 물론 인터넷과 SNS 등 다양한 미디어가 발전하면서 종이

책을 읽는 사람이 점점 줄어들고 있는 것도 사실이다. 종이책도 온라인으로 구매 가능할 뿐만 아니라 주문하자마자 하루도 걸리지 않아 집 앞까지 배달해주는 인터넷 쇼핑이 발달하면서, 동네마다 한두 군데는 반드시 있던 동네 책방도 점점 자취를 감추고 있다.

그런데, 흥미로운 사실은 베스트셀러, 중고등학생용 학습서 그리고 유아용 서적 등을 주로 취급하던 동네 책방이 사라지는 와중에 소위 독립서점은 조금씩 늘어나고 있다는 점이다. 독립서점은 단순히 책을 사고파는 장소가 아니라, 서점 주인의 특정한 성향을 반영한 책들을 모아서 전시하고 판매하면서, 때로는 책의 저자를 초대하여 강연을 들으면서 사람들과 함께 이야기를 나누는 새로운 라이프스타일 공간으로 자리 잡고 있다.

독립서점의 주인들은 이익을 내기 어렵다는 것을 잘 알면서도 기꺼이 서점을 개업한다. 서점의 주인은 단순히 경제적인 목적으로 서점을 운영하는 것은 아니다. "말하자면 그들은 신념을 좇는 상인들"[16]이다. 그러므로 우리가 서점을 방문할 때는 단순히 책을 사러 가는 것이 아니라 나와 같은 신념이나 취향을 가지고 있는 사람을 만나러 가는 것이며, 나와 같은 생각을 하는 사람의 말을 읽으러 가는 것이다.

자기가 좋아하는 서점에서 세상에는 나와 같은 생각을 하는 사람이 나 혼자 만이 아니라는 사실을 확인하고 큰 위로를 받는다. 나는 혼자가 아니라 사회적으로 연결된 존재임을 깨닫는다. 더 이상 혼자만의 생각만은 아닐까 불안해하지 않아도 된다. 괜히 비밀결사대의 동지를 만난 듯이 든든해진다. 그러므로 한두 권의 책을 사 들고 서점을 나서는 순간 우리 마음은 다시 세상에 맞설 수 있는 용기로 충만해 있다.

3.
잠시 숨 돌릴 수 있는 공간

　많은 사람들이 살고 있는 도시에는 정해진 규칙이 있다. 관공서, 학교, 회사, 공장 등 많이 사람들이 이용하는 시설은 정해진 시간에 문을 열고, 운영된다. 많은 사람들을 운반하는 버스, 지하철, 기차는 정해진 시간이면 문을 닫고 출발한다. 저 멀리서 헐레벌떡 뛰어 오는 사람이 있어도 기다려 주지 않는다. 도시가 한 사람 한 사람 개인의 사정을 봐 줄 수 없다. 개인의 체력이나 성격, 당일의 기분이나 컨디션 등을 고려해서 학교 등교 시간을 늦춰주지 않는다. 도시에서 생활하려면, 각각의 개인이 이런 정해진 도시의 시간표를 지켜야 한다.

　도시의 사람들은 이런 정해진 도시의 시간을 지키려면 분주하게 움직여야 한다. 물론 사람들 중에는 도시의 정해진 시간 속에 움직이면서도 체력적 부담감이 없고, 정신적 여유를 가지고 잘 적응하는 사람들도 있다. 하지만 대부분의 사람들은 도시가 정해준 시간표대로 생활하다

보면 지치게 마련이다.

여기저기 거래처를 바쁘게 돌아다니는 영업사원은 점심시간쯤 되면 다리에 힘이 빠진다. 하루 종일 수업에 몰두한 수험생은 오후가 되면 정신이 몽롱해진다.

하지만, 도시에는 사람들이 잠시 쉬면서 기력을 회복하고 정신을 차릴 장소가 그렇게 많지 않다. 대부분의 장소는 앉을 수 있는 의자를 제공하는 대신 돈을 요구한다. 급한 대로 카페나 찻집 혹은 편의점에 들어가 돈을 지불하고 심신을 회복하고 나오지만, 바깥으로 나오자마자 금방 다시 피곤해지고 쓸데 없이 돈을 써 버린 것은 아닌지 자책하게 된다.

심신에 지친 현대인들의 피로를 치유해 줄 수 있는 도시의 공간은 어떤 곳인가? 낯선 도시를 여행하다가 다리가 아플 때, 거리나 광장의 벤치에 앉아 쉬었던 적이 있을 것이다. 무거운 배낭을 옆에 놓고 편안하게 등을 기대고 앉아 지나가는 낯선 사람들을 구경한다. 잠시 여행자임을 잊고 느긋하게 다른 사람들을 보고 있노라면 마치 내가 이 도시의 시민처럼 느껴진다. 어떤 자세로, 얼마나 오래 앉아 있든 아무도 시비 걸지 않는다. 내가 앉아 있는 동안에는 내가 온전히 이 벤치의 주인이다.

영국 파이낸셜 타임즈의 건축비평가인 에드윈 히드코

트(Edwin Heathcote)는 벤치야말로 도시에서 가장 공공적이며 민주적인 요소라고 주장했다. "최소한 이론적으로, 홈리스는 잠을 잘 수 있고, 피곤한 자는 쉴 수 있으며, 사색하는 사람은 앉을 수 있고, 배고픈 사람은 앉아서 샌드위치를 먹을 수 있다."는 것이다.

세계에서 가장 많은 사람들이 이용하고 있는 벤치 중에 하나가 바로 뉴욕 센트럴 파크의 벤치일 것이다. 만여 개에 달하는 벤치는 끊임없이 이동하는 시민들과 관광객들에게 평온하게 앉아 쉴 수 있는 기회를 제공한다. 뉴욕 시민들은 지난 160여 년 동안 친구를 만나고, 점심을 먹고, 데이트를 하고, 센트럴 파크의 풍경을 즐기는 장소로 벤치를 이용해 왔다.

시대에 따라 서로 다른 디자인의 벤치가 설치되었지만, 센트럴 파크에 가장 많이 설치되어 있는 모델은 1938년 뉴욕 박람회를 대비하여 설계하고 제작한 월드 페어 벤치(World's Fair Bench)이다. 특히, 센트럴 파크의 벤치는 일정한 금액으로 기증이 가능하다. 센트럴 파크의 벤치에 앉으면 등받이에 붙어 있는 글자가 새겨진 금속제 명판을 볼 수 있다. 돌아가신 어머니를 추억하며 기증했다는 등 벤치를 기증한 사람의 뜻을 새겨 넣은 것이다.

뉴욕 센트럴 파크의 월드 페어 벤치

도시의 공공공간에는 벤치 이외에도 사람들이 자유롭게 이용할 수 있는 의자도 있다. 이런 의자 가운데 가장 유명한 의자는 아마 뉴욕의 브라이언트 파크(Bryant Park) 의자일 것이다. 뉴욕 공립 도서관 후면에 있는 브라이언트 파크는 과거 마약 거래상 등이 즐겨 찾는 위험하고 더러운 공원으로 유명했다. 1988년부터 1992년까지 뉴욕 공립 도서관의 소장 도서를 보관하는 수장고를 이 공원의 지하에 건설하면서 시민들이 쉽게 볼 수 있고, 접근할 수 있는 공원으로 정비되었다.

새롭게 정비된 브라이언트 파크에 설치된 2,000개의 녹색 의자는 사람들의 예상을 뛰어넘는 파격적인 디자인이었다. 일반적인 공원에 설치하는 고정식 벤치 타입의 의자가 아니라, 프랑스의 야외 카페에서 사용될 법한 가볍고 접을 수 있는 이동 가능한 철제 의자였다. 앉기에 편안하지도 않고, 도난의 우려도 많았지만, 뉴욕 시민들은 이 녹색 의자를 잘 이용하였다. 시민들은 자기가 앉고 싶은 장소에 이 의자를 옮겨 와서, 혼자서 혹은 여럿이서, 다양한 자세로 앉아 쉬거나 다른 의지에 발을 올리고 등을 기대 잠을 자기도 하고, 여럿이 둘러 앉아 이야기를 나누고, 함께 독서하면서 토론하는 등 무한히 다양한 방식으로 의자를 활용하였다. 브라이언트 파크의 녹색 의자는 뉴욕의 야외공간에 설치한 스트리트 퍼니처의 아이콘이 되었으며, 뉴욕뿐만 아니라 다른 도시, 다른 국가의 공원이나 광장에서도 이동 가능한 가벼운 의자를 도입하는 계기가 되었다.

뉴욕 브라이언트 파크와 자유롭게 이동가능한 의자

벤치나 의자가 없는 경우, 피곤한 몸이 잠시 쉴 수 있도록 사람들은 도시의 여러 가지 구조물을 활용한다. 도시 곳곳에 있는 계단은 원래 경사가 많은 도시에서 아래 지역과 위 지역을 연결하기 위해 조성한 시설이다. 이런 계단들 가운데 몇몇은 수직이동공간을 넘어 시민들과 관광객들이 앉아 쉬는 훌륭한 쉼터 역할을 한다. 전 세계의 관광객들이 많이 찾는 가장 유명한 계단은 로마에 있는 스페인 계단일 것이다. 오드리 헵번과 그레고리 펙이 주연한 〈로마의 휴일(1953)〉이라는 영화에서 여주인공이 아이스크림을 먹는 장면의 배경으로 나오면서 우리나라 사람들에게도 매우 친숙한 장소가 되었다. 이 영화에서도 주인공 뒤로 계단에 앉아서 이야기를 나누고 있는 사람들을 볼 수 있다.

로마의 여름은 햇볕도 뜨겁고 기온도 높다. 더운 여름 로마의 유명 관광지를 둘러 보다가 지쳤을 무렵, 관광객들은 아이스크림을 하나 사서 스페인 계단에 앉아 먹으면서 계단 아래 바르카차 분수(Fontana della Barcaccia)에서 뿜어 오르는 시원한 물줄기와 주변을 오가는 사람을 본다. 마치 영화 속의 오드리 헵번이 된 기분이다.

<로마의 휴일>에 나온 스페인 계단
(출처:위키미디어)

뉴욕 메트로폴리탄 뮤지엄 전면 계단

세계에서 가장 큰 박물관 가운데 하나인 뉴욕의 메트로폴리탄 뮤지엄은 뉴욕을 방문한 사람들은 대부분 한번쯤은 들르는 관광 명소이기도 하다. 세계적인 유물부터 근현대 유명 예술가의 걸작에 이르기까지 뮤지엄의 방대한 컬렉션은 며칠을 봐도 다 보기 어렵다. 뉴욕에 오래 머물기 어려운 관광객들은 가장 유명한 작품들만 찾아다니면서 봐도 하루가 금방 간다. 뛰다시피 걸어 다니다가, 유명 작품을 만나면 멈춰 서서 자세히 살펴보기를 반복하다 보면 허리는 아프고 다리도 무겁다.

박물관 운영 종료 안내방송이 나오면 여기저기 전시실에 흩어져 있던 관람객들이 한꺼번에 출구 쪽으로 썰물처럼 빠져나온다. 겨우 출구를 통해 뮤지엄 바깥으로 나오면 한 걸음도 더 걷기 힘들다. 관람객들은 누가 먼저랄 것도 없이 하나 둘 뮤지엄 정문 앞 넓은 계단에 앉기 시작한다. 어느새 한낮의 햇볕은 누그러지고 선선한 저녁 바람이 공기에 섞이기 시작한다.

사람들 틈에 앉으면 자연스럽게 시선은 아래쪽 뉴욕 5번가의 노점상, 숙소로 돌아가는 사람, 밀리기 시작하는 자동차 행렬을 향한다. 문득 생각이 나서 가방을 뒤져 준비해 온 음료수와 달달한 과자를 꺼낸다. 세계에서 가장 바쁜 도시 뉴욕의 한가운데에서, 하루 동안에 본 예술작품 가운데 가장 기억에 남는 작품을 떠올리면서, 아는 사람 시선 따위는 신경 쓰지 않고, 계단에 편하게 걸터앉아, 달콤한 간식을 먹는다. 몸과 마음에 쌓인 노곤한 피로가 사라진다.

III

치유가 있는 세계의 장소

Collection Humanitatis pro Saeculine X

Sociétés

1.
스페인의 포블레누 거리와 프림 광장

바르셀로나에는 람블라스 거리, 몬주익 언덕, 스페인 광장, 디아고날 거리, 카탈루냐 광장, 그리시아 거리, 구엘 공원 등 외국인 관광객들에게도 잘 알려진 유명한 장소들이 매우 많다. 하지만, 세계 모든 도시가 그렇듯 바르셀로나에도 관광객들에게는 잘 알려져 있지 않은 숨겨진 좋은 장소들이 구석구석 많다. 포블레누 거리(Rambla del Poblenou)와 프림 광장(Plaça de Prim)도 관광객에게는 알려져 있시 않지만 주변에 사는 주민들이 사랑하는 장소이다.

바르셀로나의 맨얼굴과 같은 장소, 이를테면, 그들만의 장소(insider's place)라고 할까? 포블레누(El Poblenou)는 바르셀로나의 구도심인 고딕지구와 최근 재개발된 포럼지구 사이에 있는 지역이다. 카탈루냐 말로 포블레누는 새마을(New Village)을 의미한다. 물론 현재가 아니라 19세기의 신도시라는 의미이다.

19세기 산업가들은 공장을 지을 산업용지가 필요했다. 바르셀로나 구도심과 떨어져 있어서 땅값이 싸고, 근처에 바다와 베소스 강(River Besos)이 있어서 산업용수를 쉽게 끌어올 수 있는 포블레누 지역은 산업용지로 적지였다. 수많은 방직공장들이 지어졌고, 공장 굴뚝에서 뿜어져 나온 연기는 바르셀로나 하늘을 뒤덮었다. 남부 스페인의 가난한 농부들은 더 나은 삶을 찾아 일자리가 많은 포블레누 지역으로 모여들었다.

 카탈루냐의 대표적인 산업지역으로 성장한 포블레누 지역은 영국의 대표적인 산업도시인 맨체스터와 닮았다는 의미에서 '카탈루냐의 맨체스터(Manchester of Catalonia)'로 불리기도 했다.

 20세기 중반, 영원히 번영할 것 같았던 방직산업이 쇠퇴하자, 포블레누의 공장들도 하나둘 문을 닫았고, 노동자들은 일자리를 찾아 다른 곳으로 떠났다. 포블레누 지역은 마치 유령의 도시처럼 변했다. 몇 년 전만 해도 이 지역을 걸어 다니면, 여기저기 과거 공장의 굴뚝들이 남아있고 굳게 문을 닫은 벽돌조 공장들이 과거의 모습을 떠올리게 했다.

바르셀로나 포블레누 지역

하지만, 최근 이 지역에도 변화의 바람이 불고 있다. 그 변화를 촉발한 것은 바로 1992년 바르셀로나 올림픽이었다. 올림픽을 위해 도시 전체의 인프라를 정비하고 경관을 개선하는 다양한 프로젝트들이 추진되었다. 그중에 하나가 바르셀로나 시내와 해변을 단절시키는 철도를 지하화하고 도시와 워터프런트를 직접 연결시키는 프로젝트였다.

오랫동인 유령도시처럼 쇠락해 있던 포블레누 지역은 해변과 직접 연결되자 갑자기 각광받기 시작했다. 특히, 주변에 포럼지구, 22@ 지구 등 첨단산업, 전시, 업무, 고급호텔 관련 시설들이 들어서자, 포블레누 지역은 새로운 주거 및 위락 지역으로 변모하였다. 그 변화를 대표하는 곳이 바로 포블레누 거리(Rambla del Poblenou)이다. 해변과 22@지구를 연결하는 길이며, 포블레누의 대표적인 보행가로(esplanade)로 자리 잡았다.

포블레누 거리는 그 구조가 독특하다. 도로 가운데에 사람들이 걸어 다니는 넓은 보행로가 있고, 그 양편으로 각각 1차선의 일방도로가 있다. 도로 가운데를 자동차가 아니라 사람이 다니는 길이다. 자동차는 보행로 양편 1차선 차도를 다녀야 하기 때문에 꼭 필요한 차(예를 들면 서비스 차량) 외에는 이 길로 접어들지 않는다. 바르셀로나를 대표하는 람블라스 거리(La Rambla)도 이런 형식의 보행자 우선 가로이다.

도로 가운데 보행로가 있는 포블레누 거리

양편에 있는 차도조차도 사람이 많이 모이는 주말에는 거리 입구에 볼라드(bollard)를 설치하여 차량의 진입을 막는다. 그야말로 보행자 천국인 셈이다.

길 양편으로는 레스토랑, 타파스 바, 펍 등이 줄지어 있어서 가족이나 친구들과 식사와 저녁 유흥을 즐기기 적합하다. 가운데 보행로에는 거리 카페가 있어서 야외에서 식사, 커피, 술을 즐길 수 있다. 제법 날씨가 쌀쌀한

데도 많은 사람들이 거리 카페에서 따뜻한 겨울 햇볕을 받으면서 식사와 커피를 즐기고 있다. 정말 옥외활동을 즐기는 남유럽 사람들이다.

보행로이지만 비싼 석재나 보도블록을 깔지 않고, 그냥 검은색 아스팔트로 포장했다. 관광객들이 많이 찾지 않는 곳이니 비싼 포장재료를 사용하지 않은 듯하다. 그러나, 길 양편의 밝은 벽돌 건물과 얼마 남지 않은 노란 플라타너스 잎들을 비추는 맑고 투명한 바르셀로나의 햇빛이 있으니 검은색 아스팔트 보행로도 전혀 나쁘지 않았다. 오히려, 길 전체 분위기를 차분하게 가라앉히는 역할을 하는 듯했다.

포블레누 거리의 모습

보행로에 내 놓은 야외 카페의 의자 다리 주변을 살펴보면, 아스팔트 바닥 위에 하얀 색 페인트로 꺾쇠 표시가 되어 있다. 아마 사람들의 통행을 방해하지 않도록 의자와 테이블을 내놓을 수 있는 경계를 표시한 것이리라.

자동차가 못 들어오게 하고, 카페 테이블과 의자를 가장자리로 밀어낸 포블레누 거리의 가운데를 아빠는 아이를 안고, 엄마는 아이가 타던 자전거를 끌면서 따뜻한 겨울햇빛을 만끽하며 행복하게 걷는다. 도중에 아는 사람을 만나면 잠시 걸음을 멈추고 떠들썩한 인사를 나눈다. 중년 아저씨도 스스럼없이 혼자 한 테이블을 차지하고 일요일 점심을 느긋하게 즐긴다. 외국 관광객들도 더 이상 악명 높은 바르셀로나의 소매치기를 경계하느라 신경 곤두세우지 않고, 편안한 마음으로 유유자적 걸어 다닐 수 있다. 포블레누 거리는 바로 이런 거리이다.

저녁이나 주말에는 주민들로 붐비는 포블레누 거리이지만 그 옆으로 이어지는 길을 따라 들어가면 그야말로 평범한 서민 주거지역이다. 주민들이 많이 걸어 다니는 길이기 때문에 차량의 출입이 제한되는 보행자들을 위한 골목이 많다. 아이들도 자동차 신경 쓰지 않고 친구들과 장난치며 걸어 다닐 수 있는 골목이다.

골목 입구에는 밤늦게 영업하는 레스토랑이 지키고 있어서 골목 입구를 밝힐 것이다. 불이 환하게 켜진 골목 입구 레스토랑에 사람들이 모여 스페인 특유의 늦은 저녁식사를 즐기고 있다면 밤늦게 귀가하는 여성들도 심리적으로 안전함을 느낄 수 있다.

포블레누 거리 주변 골목

골목마다 자동차들이 주차되어 있어서 걸어 다니기조차 어려운 우리나라 도시의 뒷골목이 문득 떠올랐다. 걷고 싶은 도시, 걷기 좋은 거리, 이런 말들은 선거철 시장 후보자들의 공약 브로슈어에 나오는 빛 좋은 구호가 아니라, 실천적인 제도에 의해서 구체적인 도시공간으로 구현되어야 하는 것임을 생생하게 볼 수 있다.

포블레누 지역의 골목을 휘휘 거닐다가, 골목 안쪽에 제법 큰 고목나무가 보이는 공터가 눈에 띄었다. 어딘가 궁금하여 공터에 면한 벽을 보니 프림 광장(Placa de Prim)이라는 명패가 붙어 있다. 그런데, 이 광장을 보는 순간, 아, 정말 살아있는 광장을 보는 듯하였다. 광장 곳곳에 동네 사람들이 둘러 서서 서로 이야기하고, 아이들은 큰 소리로 놀고, 몇몇은 벤치에 앉아 조용히 담소를 나누고 있었다. 비록 사람들은 그리 많지 않지만, 그들의 활동과 소리로 광장이 꽉 차 있었다.

프림 광장(Placa de Prim)

 원래 이 광장이 만들어진 것은 1851년이었다. 바르셀로나 지역에도 산업혁명이 도래하여 포블레누 지역이 산업지역으로 형성될 즈음, 노동자 거주지역의 마을 광장으로 만들어 졌던 것이다. 19세기 말 이 광장에는 주변 방직공장에서 일하는 노동자들, 인근 포구에서 일하는 어부들, 그리고 노동자들의 유토피아를 꿈꾸던 사회주의자들이 모여들었다. 지금도, 광장을 둘러싸고 있는 저층의 수수한 아파트 건물들을 보면, 19세기 산업시대의 이 동네 분위기를 조금은 짐작할 수 있다.

프림 광장의 사람들

 광장 주변 도로에는 노란 오렌지가 주렁주렁 달린 오렌지 나무 가로수가 심어져 있지만, 이 광장의 주인공은 광장 북동 측에 굳게 자리 잡고 있는 세 그루의 옴부나무(ombu tree)이다. 밑동과 줄기가 독특하게 팽창하면서 성장하는 옴부나무⁷⁾는 아이들을 위한 살아있는 놀이기구였다. 아이들은 마치 아버지의 넓은 등판을 기어오르듯 옴부나무 나뭇등걸을 타고 오른다. 굽어진 나무줄기에 올라탄 아이들은 마치 백마 탄 장군처럼 광장을 호령한다. 큰 아이들은 옴부나무 줄기에 매달린 그네를 타고 있는 작은 아이들을 밀어 준다. 이 작은 광장에서 아이들은 서로 믿고 도와주는 동네 주민으로 자란다.

광장 가운데에는 바르셀로나 어디를 가더라도 만날 수 있는 아름다운 주철제 수도시설이 어김없이 설치되어 있다. 위대한 영웅이나 중요한 사건을 기념하는 기념조형물이 아니라 주철제 수도시설이 광장의 가운데를 차지하고 있다는 것은 참 신선한 충격이다.

이 주철제 수도시설은 그저 바라보는 존재가 아니라, 동네 사람들이 집 바깥에서 물이 필요하면, 양동이를 들고와서 물을 받아 간다. 동네 사람들이 물을 길으러 와서 서로 인사도 하고, 뭔가를 씻으면서 서로 이야기도 나누는, 정말 말 그대로, 동네 우물터 같은 역할을 지금도 하고 있다.

프림 광장의 수도 주변

 사람 좋은 얼굴을 가진 동네 아저씨는 축구공 하나로 동네 아이들 서넛을 광장 여기저기로 끌고 다닌다. 조금 큰 아이들은 킥보드를 타고 위험할 정도로 빠른 속도로 광장 주위를 빙글빙글 돌고 있다. 어느 영화 제목처럼, "광장이 살아있다"는 느낌을 받았다.

 하지만, 아이들이 그렇게 위험할 정도로 빨리 다니더라도, 별로 걱정할 필요는 없다. 자동차는 광장에 들어올 수 없기 때문이다. 저 뒤에 문이 열린 시설이 지금 이 광장을 가득 메우고 있는 사람들을 위한 커뮤니티 시설인 듯했다. 아니면, 종교시설일 수도 있겠다.

프림 광장의 아이들과 커뮤니티 시설

프림 광장, 화려한 조형물이나, 많은 돈을 들인 분수대, 비싼 재료로 포장한 바닥, 이런 공공디자인 없이도, 나무, 벤치, 수도 이런 가장 기본적인 요소만으로도 주민들을 위한 편안한 광장이 될 수 있는지를 잘 보여주었다.

도시의 광장이란 오랜 세월 시민들과 주민들이 이용하면서, 사람들의 필요에 따라 물리적 형태를 조정하고, 그렇게 조정된 형태와 공간에 알맞는 활동을 사람들이 찾아내고 만들어가는 것 아닐까? 마치 오랫동안 해로하면서 서로 닮아가는 노부부처럼 광장의 공간과 주민들의 생활은 서로 닮아 가는 것이다.

2012년 12월 어느 일요일 오후, 아무런 기대도 없이 포블레누 지역을 지나다가 우연히 이끌린 프림 광장에서 멀리서 온 여행자도 잠시 심신의 피로를 잊고 낯설지만 친근한 이웃이 위로를 받았다.

2.

덴마크의 루이지아나 미술관

　세상에서 가장 아름다운 미술관으로 불리는 미술관, 코펜하겐에서 북쪽으로 35km 정도 떨어진 훔레백(Humlebæk)에 있는 루이지아나 미술관(Lousiana Museum of Modern Art)이다. 가장 규모가 큰 미술관은 아니다. 동서고금의 방대한 컬렉션을 자랑하는 미술관도 아니다. 세계적으로 유명한 건축가가 설계한 미술관도 아니다. 그럼에도 불구하고 많은 사람들로부터 세상에서 가장 아름다운 미술관으로 칭송받고 있다.

　코펜하겐 역에서 30여 분 정도 기차를 타고 가면 빨간 벽돌 벽에 아치창을 가진 훔레백 역에 도착한다. 기차역 앞은 한산하다. 전형적인 북유럽 교외 주거지의 기차역 앞 풍경이다. 기차역을 걸어 나와 첫 번째 교차로에서 왼쪽으로 꺾으면 미술관으로 가는 길이다. 세계적인 미술관으로 가는 길치고는 평범하다 못해 허전하다.

훔레벡 역에서 루이지아나 미술관 가는 길

 평범한 길을 따라가면 덴마크의 평범한 교외 주거지를 살펴볼 수 있었다. 집은 크지도 화려하지도 않다. 테라코타 기와를 얹은 경사지붕은 제법 가파르다. 눈이 많이 오는 지역임을 알 수 있다. 보도 옆 생울타리 사이에서 루이지아나 미술관으로 인도하는 안내판이 보인다. 작고 평범하지만, 안내판을 따라가다 보면 초행인 사람도 쉽게 미술관을 찾을 수 있다.

 미술관을 마주하고 느끼는 첫인상은 "에게, 이게 뭐야"라고 할 정도로 실망스럽다. 죽기 전에 봐야 할 세계적인 미술관이라고 해서 덴마크까지, 코펜하겐까지, 그리고 기차를 타고 또 걸어서, 큰 기대를 안고 찾아온 사람들에게, 미술관이 보여주는 첫 모습은 그저 조그맣고 평범한 시골 저택(Villa) 일뿐이다.

루이지아나 미술관 입구

 세계적으로 유명한 미술관의 웅장함이나, 미술관 앞 넓은 광장도 없다. 혹시 뒷문 쪽으로 온 것은 아닐까라고 살짝 의심이 든다. 하지만, 시골 빌라의 저 작고 초라한 현관문이 세계적인 미술관 루이지애나 미술관으로 들어가는 마법의 현관문이다.

 현관문을 열고 매표소를 지나면 조금 넓은 그러나 높지는 않은 로비가 나타난다. 로비 바깥으로는 넓은 정원과 그 너머로 멀리 바다가 보인다. 미술관의 전시실보다 사람들을 끌어당기는 것은 멀리 바다를 배경으로 한 정원이다. 실제로 전시실로 가는 길보다 정원으로 나가는 문이 더 크고 눈에 잘 띈다.

루이지아나 미술관 로비와 정원

　미술관은 잠시 잊고 넓은 잔디밭으로 나가면 사람들은 미술관 관람객이 아니라 공원 이용객이 된다. 저마다 드러누워 따뜻한 햇볕을 즐기고, 가족들은 둘러앉아 준비해 온 도시락을 먹고, 연인들은 마주 누워 사랑을 속삭인다. 이곳이 공원이 아니라 미술관 정원이라는 유일한 징표는 잔디밭 끝에 있는 헨리 무어의 조각 작품이다. 헨리 무어의 조각 작품에 다가가면, 이번에는 조각 작품보다 언덕 아래 잔디밭과 그 너머 쪽빛 바다에 눈길을 뺏긴다. 스웨덴과 덴마크를 가르는 외레순 해협이다. 해협 너머로 스웨덴 헬싱보리 땅이 보인다.

　아래 쪽 잔디밭도 가운데 조엘 샤피로(Joel Shapiro)의 작품이 미술관임을 상기시켜줄 뿐, 잘 다듬어진 공원 같은 분위기다. 루이지아나 미술관에 들어와서 처음 만난 이 정원의 이름은 '조각공원'이다. 웬만한 미술관에서는 한 점도 구경하기 힘든 세계적인 조각가들의 작품이 곳곳에

배치되어 있다. 그럼에도 불구하고, 사람들의 시선은 조각 작품보다는 자연을 향한다.

조각공원 주변은 온통 아름드리나무가 둘러싸고 있다. 두툼한 나무둥치 사이로 작은 계곡을 건너가는 나무다리가 있고, 계곡 주변에는 온통 고사리류가 자라고 있다. 그늘과 습기를 좋아하는 고사리의 연초록 잎이 싱싱하다. 조각공원 주변으로는 이렇게 온통 나무와 숲과 계곡이다.

보통 때는 무심코 지나치는 나무, 언덕, 바다, 하늘, 구름이지만, 세계적인 조각작품과 나란히 있는 이 미술관 정원에서, 비로소 그 아름다움을, 그 위대함을 보게 된다.

자연으로 둘러싸인 정원에서 뒤돌아보면, 밖에서 보았던 시골빌라 건물만 보인다. 세계에서 가장 아름다운 미술관은 도대체 어디에 있는 것일까? 유심히 살펴보면 잔디밭 가장자리 큰 나무 아래에 넓은 유리창을 가진 통로가 얼핏 보인다. 전시실과 전시실을 연결하는 통로이다.

루이지아나 미술관은 하나의 건물이 아니었다. 자연과의 조화를 깨뜨리지 않을 정도의 작은 전시장 건물들이 가운데 정원을 둘러싸고 배치되어 있고, 각 전시장은 연결통로로 이어져 있다. 연결통로의 양편 벽체는 천장에서 바닥까지 전체가 투명한 유리로 되어 있어, 실내와 실내의 구분이 없다. 연결통로를 걷는 관람객은 실내를 걷는 것이 아니라 자연 속을 걷는 느낌이다. 유리는 북유럽의 긴 겨울로부터 관람객을 보호할 뿐이다.

전시실을 이어주는 연결통로

정원에서 전시실은 눈에 잘 띄지 않지만, 전시실 내부에서는 정원이 온전히 보인다. 루이지아나 미술관은 지면에서 높이 솟은 거만한 미술관이 아니라, 대부분의 전시실들이 지면보다 낮게 있는 겸손한 미술관이다. 정원에서 미술관이 잘 보이지 않는 이유이다.

실내에 있다는 느낌보다 마치 울창한 자연 속에서 미술작품을 감상하고 있는 느낌이다. 창밖의 정원과 오래된 고목도 미술의 일부가 된다. 루이지아나 미술관에서 미술은 자연과 분리되어 있지 않다. 실제로 루이지아나 미술관에서는 정원 어디서든 연결통로를 통해 전시실 안으로 들락날락할 수 있도록 연결되어 있었다.

어떻게 이런 미술관을 생각할 수 있었을까? 미술관의

설립자 크누드 젠센(Knud W. Jensen)은 코펜하겐에서 치즈 도매 사업을 하던 가문 출신이었다. 1955년 그는 훔레백의 오래된 빌라와 주변 25에이커의 토지를 인수한다. 그가 인수한 이 오래된 빌라의 이름이 바로 '루이지아나'였다. 1855년 외레순 해협에 면한 아름다운 언덕 위에 이 빌라를 처음 지은 사람은 알렉산더 브룬(Alexander Brun)이라는 고위 관료였다. 공교롭게도 그가 결혼한 3명의 아내가 모두 루이스(Louise)라는 이름을 가지고 있었다고 한다. 빌라까지 루이지아나로 이름붙일 정도였으니, 세 명의 아내 이름이 동일한 것은 우연의 일치라기보다는 알렉산더 브룬이라는 사람은 어쩌면 루이스라는 이름에 대한 묘한 애착을 가지고 있었던 것이 아닐까.

미술관 설립자 젠센이 루이지아나 빌라를 인수하던 해는 알렉산더 브룬이 이 빌라를 지은 해로부터 딱 100년이 되던 해이기도 했다. 여러모로 이 빌라는 흥미로운 측면이 많다.

알고 보면 루이지아나 미술관은 한번에 완성된 미술관도 아니다. 1955년 이 빌라를 구입한 크누드 젠센은 요르겐 보(Jørgen Bo, 1919-99)와 빌헬름 보러트(Vilhelm Wohlert, 1920-2007), 두 사람의 건축가에게 미술관 설계를 의뢰한다. 1956년부터 공사를 시작해서 1958년에 미술관을 개관하였다. 이후 현재에 이르기까지 일곱 차례의 확장공사와 개조공사를 거쳐 오늘날의 모습이 되었다. 1955년 설계를 맡았던 두 건축가는 거의 모든 확장공사의 설계에 지속적으로 관여하였다.

루이지아나 미술관의 평면(출처: 홈페이지)

원래 크누드 젠센이 미술관 설계를 의뢰했을 때, 그는 원래의 시골 빌라와 분리된 분관형(pavilion) 미술관을 외레순 해협을 전망하는 언덕에 세울 생각을 가지고 있었다. 그러나 젠센과 두 건축가가 같이 협의하는 과정에서 관람객들이 마치 공원에서 '지붕 아래 걸어 다니는 (covered stroll)' 느낌을 받을 수 있도록 서로 연결된 전시실 평면을 구상하게 된다. 일곱 차례의 확장과 개수에도 불구하고 건축주와 두 건축가가 생각한 처음의 개념은 지금까지도 유지되고 있다.

루이지아나 미술관 전시실

건축은 미술작품을 최소한으로 보호할 뿐, 사람들 앞에 나서지 않는다. 전시실의 미술작품은 웅장한 건축물 내부에 있지 않고 자연 속에 있다. 이 미술관에는 내부와 외부의 구분이 없다. 건물의 내부도 전시실이고, 외부도 전시실이다. 이 공간에 들어선 사람들은 누구나 알 수 있다. "이 공간의 주인은 건축이 아니라 미술작품이고 자연이다."는 것을. 실제 미술관을 다 보고 난 이후에도 관람객들은 미술관의 외관은 거의 기억하지 못한다. 그러므로 루이지아나 미술관은 건물이 사라진 미술관이다. 건물이 사라진 루이지아나 미술관은 우연히 만들어진 것이 아니라 가장 세심한 설계의 결과이다.

루이지애나 미술관에서 가장 인상적인 전시실은 바로 자코메티 홀(Giacometti Hall)이다. 세로로 긴 일곱 개의 수직창으로 버드나무 늘어진 바깥 호수의 풍광이 전시실 내부로 쏟아져 들어온다. 세로로 긴 수직창과 뼈만 남은 듯 삐쩍 마른 자코메티의 조각이 더없이 잘 어울린다. 자코메티의 조각도 좋지만, 솔직히 수직창으로 구분된 바깥 풍경이 더 좋았다. 바람에 흔들거리는 버드나무와 호수의 수면은 그대로 움직이는 일곱 폭 병풍이었다. 자코메티 홀에서 문득 루이지애나 미술관의 유일한 단점은 미술작품보다 자연의 풍경을 더 아름답게 보이는 점이 아닐까라는 생각이 들었다.

루이지애나 미술관 자코메티 홀

자코메티 홀을 돌아 나오면 어느새 북측 동(North Wing)의

끝 부분이다. 미술관의 절반 쯤 온 셈이니, 식사시간과 상관없이 슬슬 배가 출출해질 시간이다. 바로 그 순간에 카페가 나타난다. 입구의 빌라를 제외하면 건물의 모습을 온전히 볼 수 있는 유일한 건물이고, 미술관 전체에서 가장 화려한 장소이기도 하다. 흰 벽돌 벽, 알렉산더 칼더의 조각, 푸른 하늘 그리고 외레순 해협의 바다, 이 모든 것들이 카페 안으로 모인다. 그리고 식탁 위에는 요즘 세계적으로 뜨고 있는 노르딕 푸드(Nordic Food)가 놓여 있다. 지역에서 나는 신선한 재료를 별다른 가공 없이 조리하는 것으로 유명하다. 예술과 자연과 신선한 식사, 최고의 치유가 아닐까?

루이지아나 미술관의 카페

카페에서 휴식을 취한 후 둥근 계단을 따라 내려가면, 다시 동측 동(East Wing)의 전시실로 이어진다. 이 동의 전시실은 높이도 높고 면적도 상당히 넓어서 대형 설치작품도 수용할 수 있다. 동측 동의 전시실을 둘러보다 보면 바깥으로 나가는 작은 방이 나온다. 밖에서 보면 마치 작은 온실 같은 이 방은 전시를 보다 잠시 쉬면서 바깥의 정원과 바다를 조망할 수 있는 곳이면서, 외부의 정원에 있다가 다시 전시실로 들어가기 전에 거치는 전실이기도 하다.

루이지아나 미술관 동측동

 바깥으로 나와 잔디정원을 걷다 뒤돌아보면, 조금 전까지 있었던 넓은 전시실은 보이지 않고 잔디 언덕 위에 카페 지붕만 보인다. 사람들이 여기저기 앉아 있는 저 잔디 언덕 아래에 전시실이 숨어 있는 것이다.

 다시 한번 루이지아나 미술관은 땅 위에 군림하는 거만한 미술관이 아니라, 건축이 자연 속에 숨어 있는 미술관임을 깨닫게 된다. 건축이 아름다운 미술관이 아니라,

자연과 미술과 건축이 마치 원래부터 하나였듯이 서로 결합된 미술관이다. 마치 두더지가 땅속에 집을 짓 듯, 자연 그대로의 언덕 아래에 전시실을 끼워 넣었다.

동측 동과 남측 동을 연결하는 전시실도 실제로는 지하 통로이다. 이 미술관에서 가장 넓은 남측 동의 전시실은 주로 미국의 현대미술작품을 전시하고 있다. 남측 동의 가장 끝부분은 외레순 해협을 전망하는 전시실이다. 자코메티 홀의 수직창이 일곱 폭의 병풍과 같은 풍경이었다면, 이 전시실의 가로로 긴 수평창은 저 멀리 바다의 수평선을 방 안으로 끌어들이는 파노라마의 풍경이다.

방 모서리에 놓여 있는 작품은 덴마크 작가 엘름그린(Michael Elmgreen)과 노르웨이 작가 드라그셋(Ingar Dragset)으로 구성된 듀오의 작품 〈Powerless Structures Fig.11〉(1997)이다. 긴 다이빙 대가 수평창에 반 쯤 걸쳐져 있는 작품이다. 창 유리에 막혀 몸이 밖으로 나갈 수는 없지만 시선은 자연스럽게 유리창을 넘어 실외로 뻗어있는 다이빙 대 끝을 힘차게 도약하여 외레순 해협으로, 그리고 그 너머 스웨덴 땅으로 순식간에 뛰어 간다. 이 작품은 건축의 내부와 외부 사이의 전통적인 경계를 뚫고 연결한다. 작품은 미술관 내부에도 있고, 외부에도 있다. 실내와 실외가 모두 전시장인 루이지아나 미술관에 잘 어울린다.

남측 동 전시실의 <Powerless Structures Fig.11>

전시실과 연결통로를 따라 미술작품을 감상하면서 걷다보면 어느 새 넓은 미술관 입구 로비로 이어진다. 입구 로비로 나가는 마지막 연결통로의 바닥은 미술관 정원보다 어린아이 키 정도 낮고, 지붕도 그만큼 낮아진다. 바깥 정원에서 미술관 건물이 눈에 잘 띄지 않는 또 하나의 이유이다. 외부에서는 건물이 잘 안 보이지만, 내부에서는 정원이 손에 잡힐 듯 가깝다. 바닥이 낮은 덕분에 정원의 풀과 나무는 관람객의 눈과 더 가까워졌다. 특별히 멋을 낸 흔적이 전혀 없는 평범하고 소박한 창문 아래 목재 마감이 정원의 푸른 풀잎과 대조적이다.

입구 로비로 가는 마지막 연결통로

마침내 미술관 여정을 시작한 자리로 다시 돌아 왔다. 저 정원을 둘러싸고 있는 미술관을 왼쪽부터 시계방향으로 한 바퀴 쭉 돌아 왔지만, 여전히 그 많은 전시실과 연결통로가 어디에 있는지 보이지 않는다. 겨우 나무 사이로 지붕만 얼핏 보일 뿐 미술관의 전체 모습은 끝내 보여주지 않는다. 루이지아나 미술관을 방문한 사람들에게 기억되는 세계에서 가장 아름다운 미술관의 모습은 어떤 것일까? 아마 사람들마다 서로 다른 미술관의 모습을 가지고 돌아갈 수밖에 없을 것이다.

 세계적인 미술관의 로비로는 여전히 작아 보이지만, 미술관을 다 돌아보고서야, 자연과 일체가 되어 건물의 전모를 끝내 보여주지 않는 루이지아나 미술관의 로비로는 참 알맞은 크기라는 생각이 들었다.

루이지아나 미술관의 입구 로비와 현관

 마지막으로 미술관을 떠나기 전에, 미술관의 입구로 사용되고 있는 빌라의 현관을 한 번 더 보았다. 컴컴한 벽에 웬 초상화 하나가 걸려 있다. 자세히 살펴보니, 바로 이 미술관을 설립한 크누드 젠센의 초상화였다. 끝내 관람객에게 모습을 드러내지 않으려는 미술관처럼, 젠센의 초상화도 미술관에 들어오는 사람과 마주보는 벽에 걸려 있지 않고, 미술관에 들어가는 사람의 등 뒤에 있는 벽에 걸려 있다. 미술관의 출구는 빌라의 현관과는 떨어져 있기 때문에, 입구부터 꼼꼼하게 살피는 관람객이 아니라면, 미술관의 설립자가 등 뒤에서 자기를 보고 있다는 것을 눈치 채진 못할 것이다.

설립자 크누드 젠센 초상화와 미술관 외관

미술관을 다 둘러보고 바깥으로 나와서 다시 뒤돌아봐도, 그 큰 미술관과 정원이 어디에 있었는지 신기할 뿐이다. 루이스라는 이름의 여인들을 사랑했던 남자가 160년 전에 지은 오래 된 시골 빌라 뒤에 숨은 아름다운 미술관을 둘러 본 짧은 시간은 마치 '엘리스의 이상한 나라'에 잠시 다녀 온 기분이었다. 이런 미술관을 가진 평범한 교외 마을 주민들이 갑자기 부러웠다.

3.

인도네시아의 캄풍 골목

지난 2013년 인도네시아 수라바야에서 열린 국제세미나에 참석할 기회가 있었다. 수라바야는 여러모로 부산과 유사한 도시이다. 인도네시아 제2의 도시이며, 최대의 항구도시이기 때문이다. 세미나 개최 장소였던 수라바야 중심부의 호텔 객실에서 내려다 본 도시의 야경은 중심가임에도 불구하고 고층건물은 많지 않고 저층 주거지가 끝도 없이 펼쳐져 있었다. 동남아시아 도시들이 그렇듯이 길에 면한 가게에만 전등이 켜져 있어 전체적으로 어두운 느낌이었다. 왠지 출구 없는 미로와 같은 모습이었다.

호텔에서 내려다 본 수라바야의 캄풍 골목

다음 날 아침에 본 수라바야의 모습은 대체로 2층 이하의 낮은 주거들이 **빽빽**하게 밀집되어 있었다. 동남아시아에서 많이 사용하는 테라코타 기와 색깔이 지역성을 잘 보여준다. 호텔 방에서 내려다보고 있자니, 저 아래 골목의 소리와 냄새, 사람들의 모습을 가까이서 느끼고 싶었다.

세미나 이튿날 오전, 발표를 마친 나는 외국인 혼자 다니는 것은 위험할 수도 있다는 주최 측의 걱정에도 불구하고 잠시 시간을 내어 혼자 카메라를 들고 호텔을 나섰다. 낯선 도시, 새로운 장소에 갈 때마다 느끼는 약간의 긴장감, 설렘, 기대감을 가지고 큰 길을 따라 걷다 보니 마을로 들어가는 작은 골목길을 발견하였다.

골목 입구에는 마을 이름이 적혀 있는 대문이 세워져 있다. 중국을 비롯해서 동남아 도시에서는 옛날부터 길을 중심으로 양편의 집들이 늘어나면서 마을로 발전했기 때문에, 마을이 시작하는 길 입구에는 마을 대문을 쉽게 찾을 수 있다. 일종의 '골목 공동체'이다. 베트남에서는 프엉(phoung, 坊)이라고 부르고, 인도네시아에서는 캄퐁(kampung)이라고 부른다.

국가나 도시의 통치 권력보다 마을공동체의 자치가 더 강력했을 때, 골목 입구의 마을 대문은 공동체의 자율성을 상징하는 구조물이었다. 대문 안쪽 마을 일은 국가나 도시보다 공동체가 자율적으로 처리하였고, 야간에는 대문을 닫아 다른 마을 사람들은 통행조차 할 수 없었다.

캄풍 골목 입구

골목 안으로 들어가 본다. 골목 입구 벽에 자동차는 진입할 수 없다는 안내판이 걸려 있다. 골목 밖은 자동차가 달리는 넓은 차도지만 마을 대문 안쪽 골목은 사람들이 주인이다. 손으로 그린 사인이 삐뚤빼뚤하지만 이 골목에는 어쩐지 더 잘 어울린다. 마을 내부의 골목은 대도시 수라바야의 가장 좁은 길이다. 자동차는 다닐 수 없고, 오토바이나 자전거만 다닐 수 있을 정도다.

골목 곳곳에는 골목의 주소와 '하차(HARAP TURUM)'라고 쓰여있는 사인이 설치되어 있다. 오토바이 같은 탈것에서 내려서 조용히 걸어가라는 의미이다. 골목에는 저녁 6시부터 다음날 아침 6시까지는 오토바이를 탈 수 없다는 간판도 걸려 있다. 오토바이의 소음으로부터 마을 사람들의 생활공간을 지키려는 공동의 규칙이다.

골목 곳곳에는 벽에 창을 내고 식품과 과자 등을 진열해 놓은 구멍가게가 있다. 왠지 우리나라의 70년대 골목 풍경을 보는 듯했다. 우리나라에는 저런 구멍가게는 더 이상 볼 수 없기 때문에 이제는 그리운 풍경이 되었다.

캄풍 골목의 구멍가게와 도로명판

골목을 사이에 두고 마주 보고 있는 집 앞에 대부분 화분을 내어 놓았다. 1년 내내 녹음이 푸르른 공원 속의 골목 같다. 겨울이 없는 열대 도시가 가지는 가장 큰 장점이다. 집 앞에는 화분과 함께 사람들이 앉을 수 있는 의자들도 마련되어 있다. 집 주인이 나무 그늘에 쉬면서 지나가는 동네 사람이나 맞은편에 앉은 이웃사람들과 인사를 나누거나 대화를 나누는 곳이다. 골목을 지나는 마을 주민이나 아이들도 언제든지 앉아서 쉴 수 있는 곳이기도 하다.

 골목 초입에는 정확하게 어떤 용도의 건물인지는 모르겠지만 약간 공공적인 성격의 건물이 자리잡고 있었다. 지붕 위에는 철탑을 세워 큰 스피커를 설치해 놓았다. 아마 마을 사람들에게 공공 메시지를 전달하는 듯했다. 골목이 교차하는 주요 지점 길 위에는 차양을 설치하고 그 아래로 사람들이 앉을 수 있는 벤치가 놓여 있다. 마을 사람들이 모일 수 있는 공공공간의 역할을 한다.

캄풍 골목과 공공시설

 인도네시아에는 두 개의 계절이 있는데, 하나는 더운 계절, 그리고 또 하나는 더 더운 계절이라고 한다. 2월인데도 30도를 넘으니 여름에는 오죽하랴. 뜨거운 햇볕을 받으며 집으로 걸어오다가 골목 입구의 저 시원한 그늘 속으로 들어오면, "아, 드디어 우리 마을이구나."하는 안도감을 느낄 것이다.

　골목 곳곳에는 구멍가게뿐만 아니라 조그만 가게들이 여기저기 고개를 내밀고 있다. 그 사이로 오토바이나 자전거를 이용하여 과일이나 야채를 가득 실은 행상들도 쉼 없이 오고 가며 물건을 판다. 골목이 조용할 새가 없다. 골목에 있는 가게들 중에 가장 많은 업종은 뭐니 뭐니 해도 식당이다. 우리나라도 OECD 국가 중에서 식당이 많은 국가 중 하나이지만, 인도네시아를 비롯한 동남아 국가에는 명함도 못 내민다. 특히 주거지 골목을 따라 길거리 식당이 많은 이유는 아마 더운 날씨 때문이리라. 집에서 뜨거운 불을 피워 음식을 하는 것도 힘들고, 음식을 먹다 남으면 금세 상하기 때문에 보관하기도 어렵다. 기름에 튀기거나 볶은 음식이 많은 것도 같은 이유일 것이다. 그러니, 집에서 음식을 하기보다는 한 끼 먹을 만큼만 조금씩 사다가 먹는 것이 어쩌면 더 합리적인 생활 방식이다.

　골목 가운데 큰 나무 그늘 아래에도 간식을 파는 노점상이 있다. 학교 쉬는 시간을 이용해 간식을 먹는 아이들이 금세 몰려들어 와자지껄하다.

캄풍 골목의 다양한 모습

걷다 보니 호텔 바로 아래에 있던 골목에 도착했다. 이 골목은 다른 골목보다 훨씬 나무도 많고 화분도 많이 심어져 있어서 식물원에 들어온 것 같은 느낌이다. 호텔에서 내려다볼 때는 위험하고 지저분할 것이라고 생각했지만, 수라바야의 캄풍 골목은 너무 깨끗하게 관리되고 있을 뿐만 아니라 녹색 마을이기도 했다.

캄풍 골목의 화분

그렇다고 이 마을 사람들이 부자이거나 값비싼 시설을

설치한 것은 아니었다. 나무가 심어진 큰 화분도 자세히 보면 페인트를 칠한 폐타이어와 같은 재활용품을 많이 이용하고 있다. 화분들은 아래는 노란색, 위는 파란색으로 칠해져 있다. 음식물 쓰레기통도 재질 자체는 고급도 아니고 낡았지만 깔끔하게 관리되어 별로 냄새도 나지 않았고, 폐타이어 화분과 같이 노랑과 파랑의 색채로 통일하여 나름 골목에 일관된 디자인 코드를 적용하였다.

이 골목을 살펴보면 여러 가지 공동의 규칙이 보인다. 우선 길 양편으로 노란색 선을 볼 수 있다. 마을 주민들은 노란색과 자기 집 담장 사이의 좁은 구역에만 화분, 의자, 쓰레기통 등을 내어 놓을 수 있다. 두 개의 노란색 사이의 골목 공간은 주민 모두의 통행을 위해 아무것도 내놓지 않도록 주의하고 있다. 부유한 동네는 아니지만, 골목 주민 모두가 공동의 규칙을 지키면서 골목의 환경을 쾌적하고, 깨끗하게 유지하는 모습을 확인할 수 있다. 골목 중간에는 공공게시판이 있고 색색의 판에 뭔가 글씨가 쓰여 있다. 아마 골목 사람들이 지켜야 할 캄풍의 10가지 규칙 정도 되는 모양이다. 상부상조, 건강, 교육 등이 보인다.

게시판 뒤에는 커다란 박스가 보여서 뭔가 들여다보았다. 작은 양식장이었다. 안에는 물고기들이 몇 마리 헤엄

쳐 다닌다. 소금이라도 자급자족하기 위해 이렇게 집에서 물고기를 기르고 있는 모양이다.

캄풍 골목의 게시판과 작은 양식장

필자도 어릴 때 이런 서민 주거지에서 살았기 때문에, 이런 골목을 걸으면 저절로 기분이 좋아진다. 인도네시아의 수라바야가 아니라, 어릴 때 살던 골목으로 들어온 듯 마음이 설레었다. 우리나라에서는 새마을운동을 자랑스럽게 생각한다. 인도네시아에도 우리나라의 새마을운동보다 더 역사가 오래된 마을만들기 운동이 있다. 바로 1969년부터 시작한 KIP(Kampung Improvement Project)라고 불리는 프로젝트이다. 농촌지역을 중심으로 시작되었던 우리나라의 새마을운동과 달리, KIP는 주로 도시의 빈민주거 밀집지역에 있는 캄풍의 환경을 개선하는 운동이었다. 도시화가 진행되면서 확산된 서민들의 열악한 거주환경을 정부나 시정부가 다 관리할 수 없다는 한계를 인식한 것이 이 운동의 출발점이었다.

정부는 주민들의 힘을 빌렸다. 하수도시설이나 마을골목 포장과 같은 가장 시급한 공사를 위해, 정부는 시멘트 등의 자재를 제공한다. 그러면 주민대표를 중심으로 주민들이 스스로 당장 필요한 사업을 시행하는 방식이었다. 정부는 주민조직이 좋고, 사업이 잘 시행되는 마을을 평가하여 새로운 지원을 계속해 주었다. 초기 단계에는 하수도 같은 물리적인 환경개선에 주력했지만, 시간을 거듭하면서 사회적, 경제적 사업으로 확대되었다. 최근에는 동네 사람들에게 소액의 장사자금을 빌려주어 주민들의 소득증대를 지원하는 마이크로 크레딧(Micro-Credit) 사업까지 성공적으로 하는 마을이 있다고 한다.

농촌이냐 도시냐를 제외하면, 처음 출발은 우리나라의 새마을운동과 상당히 유사했던 것 같다. 인도네시아의 KIP는 주민참여형 마을 만들기 운동으로 지금까지도 꾸준하게 이어지고 있는 듯했다.

골목 중간에서 집의 모습이 보이지 않을 정도로 온통 화분을 내어놓은 집을 발견하였다. 화분들 뒤에는 가족들이 모이는 반옥외공간이 있었다. 온통 나무 그늘이 드리워져 시원하면서 골목을 지나는 사람들은 들여다 볼 수 없는 그곳은 가족들의 실외 거실이었다. 그곳에서 아이들을 포함하여 온 가족이 모여 함께 놀고 있었다. 사람들은 전혀 보이지 않고 나뭇잎 사이로 소리만 골목으로 새어 나왔다. 가족들의 웃음소리와 아이들의 장난감 소리가 온 골목을 메우고 있었다. 열대의 기후, 좁은 서민주택에서, 온 가족이 함께 놀기에 저보다 더 좋은 공간이 있을까?

가족의 실외 거실을 가리는 식물

아래 사진의 흰 건물이 있는 곳이 이 골목의 입구부분이다. 건물의 옥상에 양철로 접어 만든 돔과 그 위에 초승달이 보인다. 마을 모스크다. 모스크에 면한 골목 입구에는 그늘을 만들기 위한 차양이 설치되어 있다. 2월이고 오전 11시 정도밖에 되지 않았는데, 벌써 기온은 30도를 넘어가고 있다. 골목 입구 모스크 앞의 그늘이 너무 소중하게 느껴진다.

캄풍 골목 입구의 모스크와 마을 대문

  모스크로 들어가는 출입문도 골목에 붙어 있어서 그늘에서 바로 들어갈 수 있다. 출입문 옆에는 유리상자로 만든 헌금함이 놓여 있고, 안에는 지폐와 동전이 들어 있었다. 헌금함이 모스크 내에 있는 것이 아니라 골목에 내놓은 이유는 아마 모스크에서 예배할 때만 아니라, 일상생활 중에 오며 가며 주머니 속에 적은 돈이라도 너 어려운 이웃을 위해 자선(Zakat)을 베풀라는 의미일 것이다.

  모스크 안으로 들어가려면 3개의 계단을 올라가야 한다. 이 골목에서 본 건축재료 중에서 가장 고급 재료로 만든 반들반들한 검은 계단이 이 건물이 얼마나 중요한 건물인지를 보여준다. 계단의 챌판에는 녹색 글씨로 SUCI라고 씌어있다. 신성(Holy)이라는 의미이다. 조금 전까지 캄풍의 골목에서 봤던 생활공간과 다른 경건하고 신성한 공간이다. 오른쪽에는 함맘이 있다. 무슬림은 모스크에 들어가기 전에 얼굴과 손발을 씻고 들어가야 한다. 신성한 공간으로 들어가기 위한 세정(ablution)이다.

골목을 나서자 모스크의 벽이 나오고, 이름이 적혀 있다. 이르샤둘 이바드 모스크(Masjid Irsyadul Ibad). 측벽도 이 동네에서 가장 고급 재료이고, 페인트도 최근에 칠한 듯 깔끔했다.

캄풍 골목의 모스크 입구와 자선함

무슬림이 아니어서 실내로 들어가지는 않았다. 하지만 사람들의 일상공간인 골목과 일체화된 모스크는 단지 금요일에 한번 예배를 드리러 가는 장소는 아니었다. 일상생활 속에서 햇볕이 뜨거울 때는 그늘 아래에 잠시 쉬고, 오며 가며 지나갈 때마다 무함마드의 가르침을 되새기며, 나보다 더 가난한 사람들을 배려하면서 주머니 속의 동전을 자선하고, 괴로운 일이 있을 때는 언제든 문을 열고 들어가 기도하고 묵상하면서 위안을 받을 것이다.

 겨우 한 시간 30분 남짓 돌아다녔을 뿐인데, 온몸이 땀 투성이가 되었다. 그렇지만, 왠지 먼 이국의 낯설고 생소한 장소가 아니라, 옛날 내가 살던 골목으로 시간여행을 다녀온 기분이었다.

 2박4일의 짧은 출장이었고, 세미나 일정도 빡빡했다. 귀국길은 수라바야 호텔을 나선지 만 24시간 만에 부산의 집에 오는 피곤한 여정이었다. 게다가, 겨울에서 한여름으로 갔다가 다시 겨울로 돌아오는 시간과 공간의 긴 여행이어서인지, 다녀온 후 오랫동안 몸살과 감기로 고생했다. 고열과 오한으로 이불 뒤집어쓰고 거의 열흘 정도 앓았다. 그 아픈 중에도 간간이 수라바야의 캄풍 골목들이 아련히 떠오르곤 했다. 평생에 한번 가 본 평범한 마을이었지만 마음에 평화를 주는 위로의 공간으로 남아 있다.

4.

강원도 태백시의 문예1길

지난 2020년 8월 강원랜드에서 개최된 정선포럼2020에 참석했다가 돌아오는 길에 태백시를 잠시 둘러보았다. 돌이켜 보면 2020년 여름은 여러 가지로 기억에 남을 여름이었다. 코로나 바이러스, 기록적으로 길었던 장마와 무더위 그리고 연이어 찾아온 태풍까지. 그런 2020년 여름 끝자락에 들른 정선과 태백은 색다른 느낌이었다. 전국적으로 연일 30℃를 넘어가는 더위가 기승을 부렸으나 정선과 태백의 날씨는 선선하였다. 저녁에는 긴팔 셔츠를 걸쳐야 밖에 나갈 수 있을 정도였다.

태백역 옆 공영주차장에 차를 세우고 역전 광장에 서니, 고산도시 태백시의 특성이 잘 보였다. 산과 산 사이에 도시를 만들다 보니 계곡을 크게 휘감은 황지천 계곡을 따라 좁고 길게 시가지를 조성하였다. 도시 어느 곳에서나 대조봉, 연화산이 손에 잡을 듯 가깝다.

한 시간 정도 여유를 두고, 정해진 목적지 없이 천천히 이곳저곳 눈길 가는대로 둘러보았다. 그러다가 태백시 문화예술회관 옆 조용한 주택가가 눈에 띄어 살짝 들어가 보았다. 태백시의 다른 지역과 달리 단독주택단지로 조성된 지역인 듯하였다. 평일 늦은 오후 무렵이어서인지 주택가는 조용하였다.

주택가 이면도로의 보도를 따라 걷다 보니 색다른 구간이 눈에 띄었다. 일반적으로 도로변 화단은 방치되거나 시청에서 형식적으로 심어둔 나무나 초화류만 볼품없이 심어져 있는데, 여기 화단은 뭔가 달랐다. 시청에서 형식적으로 조성한 화단이 아니라 누군가 시간을 들여 정성껏 가꾼 흔적이 역력했다.

태백시 문예1길 입구

차도 옆 화단은 크기와 모양이 다른 돌멩이로 구역을 나누고 각기 다른 다년생 초화류를 심었다. 돌멩이 모양이 다르듯 구역의 경계나 형태가 다 다르다. 얼핏 봐도 하루아침에 만든 화단이 아니다. 분명 돌멩이 하나하나 다른 곳에서 가져와서 만들었을 것이다. 화단 중간중간에는 사람들이 밟고 건너도록 조금 큰 돌멩이를 깔아 통행로도 마련해 두었다. 주의 깊지 못한 사람들이 행여 화초를 밟을까 걱정한 마음을 읽을 수 있었다.

문예1길의 차도 옆 화단

주택 쪽의 투시형 펜스 아래 화단은 원래 보도블록이 포장된 곳인데, 그 위에 나무 널판자를 깔고 다양한 화분을 늘어놓고 주로 다육식물을 기르고 있었다. 까다로운 식물보다는 기르기 쉽지만 사람들이 통행하는 보도 위에 이렇게 많은 다육식물을 정리하여 기르는 것은 보통 정성이 아니다.

보도 양편으로 풍성한 정원을 만들었지만 사람들의 통행을 방해할 정도는 아니었다. 어쩌면 원래 보도의 넓이

가 사람들의 통행량에 비해 너무 넓었던 것은 아니었을까 생각이 들 정도다. 화단 끝부분에는 동네 주민들이 앉아 쉴 수 있는 테이블과 벤치도 마련되어 있다.

문예1길의 보도와 테이블

이 테이블을 자세히 보면 형식적으로 설치해 둔 것이 아님을 알 수 있다. 테이블 양쪽 벤치의 폭이 화단의 폭과 절묘하게 일치한다. 바닥에는 편평한 넓은 돌을 깔고, 위에는 햇볕을 가려주는 커다란 활엽수가 있다. 여름에는 밤에도 이용할 수 있도록 가로등도 하나 있다.

테이블 벤치 옆에 자동차가 주차하지 않도록 연석에는 빨간색 페인트로 주의표시도 해 두었다. 혹시 주민들이 너무 많이 모여 앉을 자리가 부족할 경우, 혹은 혼자 조용히 앉을 수 있도록 뒤쪽에 여분의 벤치도 준비되어 있다. 실제 사용하는 주민의 입장을 배려하는 동네의자가 갖추어야 할 디자인 요소를 다 포함하고 있다.

평범한 주택가 보도를 이렇게 아름다운 화단과 쉼터로 바꾸어 놓은 사람은 누구일까? 이 의문을 풀 수 있는 실마리는 보도에 면한 집의 부엌 창에서 삐져나온 비닐호스였다. 집 안에 계시는 분께 여쭈어보니 저 집에 사시는 아주머니께서 몇 해 전부터 조금씩 가꾸고 계신다고 하였다. 화단을 만든 돌멩이나 화분은 아래층에 사시는 오빠분이 다니시다가 다른 집에서 버린 것을 주어다 주시고 있다고 한다. 그러니 이 화단은 이 집에 사시는 중년 오누이가 마을 사람들이 즐길 수 있도록 만들고 가꾸어가고 있는 작품인 것이다.

문예1길을 가꾸는 집

 전혀 알려져 있지 않은 짧은 길이지만, '한국의 아름다운 길 100선'만큼이나 아름답지 않은가? 가로주소명을 살펴 보니 '문예1길'이다. 인근에 태백시 문화예술회관이 있어서 붙여진 길 이름이다. 화단에 설치해 놓은 나무 벤치에 앉아 잠시 쉬었다. 이 길이 바로 문화요 예술이었다.

5.
부산 남천동의 남치이 인문학 거리

부산의 해안가에는 아름다운 길이 많지만, 주거지에는 아름다운 길이 그다지 많지 않다. 5월의 따가운 햇살을 가리며 바삐 걷다가, 우연히 시원한 나무 그늘 터널을 발견하였다. 부산 KBS 맞은편, 천주교 남천성당과 부산교구청 사이에 좁고 짧은 길, 바로 '남치이 인문학 거리'이다.

남치이 인문학 거리 모습

부산에 이런 길이 있었던가? 그늘 터널에 홀려 다가가서 자세히 살펴보았다. 볼수록 매력적이다. 길 양편에는 남천성당과 천주교 부산교구청의 붉은 벽돌담이 이어져 있고, 그 벽과 도로 사이 폭 1미터 남짓한 좁은 화단에 5

월의 신록으로 찬란한 나무와 화초가 자리 잡았다. 붉은 색과 흰색의 횡단보도가 도로 양편의 붉은 담과 화단을 이어주고 있다.

 이처럼 좁은 길 양편에 이렇게 훌륭한 화단이 있고, 나무들이 제 마음껏 자라고 있다니. 한 뼘의 땅이라도 개발하려는 탐욕적인 자본에 잠식당한 부산의 주거지에서 이렇게 멋지게 성숙한 길을 만나는 것은 거의 기적이다. 아마, 길 양편 넓은 부지에 오래전부터 자리 잡고 있는 천주교 시설 덕분에 가능했으리라.

남치이 인문학 거리의 안내판과 시화판

 이런 아름다운 길은 사람들의 눈과 마음을 끌 수밖에 없다. 아마 남천1동 주민자치위원회 등에서 이 아름다운 길에 '남치이 인문학 거리'라는 새로운 이름을 붙인 모양이다. '남치이'는 남천동의 옛 지명이라고 한다. 남천동에 오래 동안 거주해 온 토박이 주민이라면 이 길의 이름에서 남천동의 옛날 기억을 떠올릴 것이다.

그런데 이 길의 행정상 정식 명칭은 '남천서로 20번길'이다. 길의 규모나 성격에 비해 '남치이 인문학 거리'라는 이름이 조금 거창하긴 하지만, 그래도 행정상 명칭보다는 훨씬 낫다. 가로명 주소체계의 문제점 중에 하나이다. 조금씩 조금씩 가로명 주소체계의 이름들을 고쳐나가야 할 이유이기도 하다.

'남천서로 20번길'을 '남치이 인문학 거리'로 명명하면서 양편 화단 곳곳에 시화판을 설치해 놓았다. '인문학'이라는 이름에 걸맞는 거리를 만들고 싶었을 것이다. 유명한 시인들의 좋은 시들이지만, 걸음을 멈추고 시를 감상하기에는 시가 길고, 글자는 작다. 오히려 붉은 벽돌벽 표면에서 바람에 흔들려 춤추고 있는 나뭇잎 그림자에 더 눈길이 간다.

남치이 인문학 거리의 통행차량

천천히 길을 따라 걷다 보니, 은근히 이 길에는 차량 통행이 많다. 시를 읽으며 여유롭게 걷기가 쉽지 않다.

지도를 보면 알겠지만, 성당과 교구청이라는 큰 시설 때문에 단절된 양 편의 마을을 오가는 생활교통은 다 이 좁은 길로 모여든다.

두 개의 큰 시설 사이에 끼어 있기에, 길 양편에 큰 나무들이 자라는 아름다운 길로 남을 수 있었지만, 또, 바로 그 두 개의 큰 시설 때문에, 마을을 오가는 차량들이 이 길로 집중될 수밖에 없다. 그럼에도 불구하고, 자동차가 잠시 뜸한 짧은 시간, 이 길은 온전히 걸어 다니는 사람들의 차지가 된다. 자동차와 사람이 함께 다니기에는 불편하지만, 나무와 동행하면서 걷기에는 너무나 완벽한 크기의 길이다.

5월의 남치이 인문학 거리

키 작은 관목숲은 길의 벽이 되고, 나무줄기는 춤추는 기둥이 되며, 교목의 이파리들은 초록색 궁륭(vault)이 된다. 아스팔트에 그려놓은 경고 페인트조차 대리석 부럽지 않은 바닥이다. 길 바깥의 도시는 사라지고 온전히 길에 둘러 싸인다. 이 순간, '남치이 인문학 거리'는 자연으로 만든 도시 속의 방이다. 5월의 '남치이 인문학 거리'는 치유의 공간이다.

아름다운 길이 될 수 있는 모든 조건을 갖춘 '남치이 길'의 가장 아쉬운 단점은, 길이 너무 짧다는 점이다. 겨우 120여m 남짓밖에 되지 않는다. 길을 빠져나가면 깊은 산속에 있다가 갑자기 세상 한가운데로 내 몰린 느낌이다.

맺음말

　지금까지 수많은 장소와 공간에서 필자가 위로와 치유 받은 경험을 기억해 보았다.

　잘 알려진 장소도 있겠지만, 아마 처음 들어본 장소들이 많을 것이다. 특히, '치유가 있는 세계의 장소'에 소개된 곳은 부이지아나 미술관을 제외하고는 거의 들어본 적이 없는 장소들일 것이다. 이렇게 잘 알려져 있지 않은 장소, 그리고 유명한 건축가나 조경가가 설계한 장소도 아닌 곳을 굳이 필자가 선택한 이유가 있다.

　첫 번째 이유는 위로와 치유의 공간이 아주 멀리 있는 장소가 아니라 우리가 생활하는 주변에 있다는 사실을 알리고 싶었기 때문이다. 지친 일상생활에서 벗어나기 위해 많은 돈을 들여 해외의 휴양지까지 가지 않더라도, 우리 주변에서도 몸과 마음을 위로 받을 수 있는 공간과 장소를 찾을 수 있다.

두 번째 이유는 우리가 만들어 볼 수 있는 장소들이다.
국가나 시청 같은 공공기관이 많은 예산과 오랜 시간을 투자해서 만든 공간이 아니더라도, 도시에 살고 있는 소시민들이, 오랜 시간에 걸쳐 조금씩 조금씩 만들어 갈 수 있는 장소들이다.

물론 필자가 언급한 여러 사례들이 언제나, 모두에게 위로와 치유를 주는 공간이 아닐 수도 있다는 사실을 잊지 말자. 낮에 시민들에게 그늘과 휴식을 제공했던 평화로운 공원이 밤에는 누군가를 협박하고, 마약을 거래하는 무서운 장소가 될 수 있다. 성스러운 종교시설이 한순간 살인의 현장이 되기도 하고, 마을 입구 당산나무에게 매일 빌어도 신변에 나쁜 일만 계속 발생할 수도 있다. 겨울철 햇볕이 따스한 긴 남향벽과 한여름 시원한 그늘을 드리우는 등나무 퍼골라에 앉아 있어도 안식과 치유를 받지 못할 수도 있다.

제인 제이콥스는 "도시는 모두에 의해 창조되었을 때, 그리고 바로 그 이유 때문에, 모두를 위한 무언가를 제공하는 능력이 있다."[36]고 하였다. 우리 주변의 공간과 장소가 가진 잠재력과 가능성에 주목하면서 많은 사람들에게 오랜 시간 동안 위로의 공간이 될 수 있도록 우리가 노력해야한다는 점을 강조하고 싶다.

치유는 단지 "몸을 건강하게 회복시키는 것뿐만 아니라, 자기 자신의 존재에 대해 좀 더 알아가고 만족하며 성숙해 나가는 차원에서 사용되는 말"[30]이다. 결국 치유의 공간 역시 누군가 완성품으로 만들어 제공해 주는 것이 아니라, 내가 스스로 찾고, 즐기고, 만들어 가는 것이다.

미주

1) 센트럴파크 컨저번시 홈페이지 https://www.centralparknyc.org/
2) 아사노 후사요·다카에스 요시히데, 『치유의 풍경』, 학지사, p.16
3) 일본에서는 호코라(祠, ほこら) 혹은 쇼시(小祠, しょうし)라고 부른다.
4) 영국의 비평가 John Willett이 1967년 저서 『Art in a City』에서 공공미술(public art)라는 용어를 처음으로 사용하였다.
5) 아사노 후사요 외, 앞의 책, p.24
6) 부르크하르트 슈피넨, 『책에 바침 : 결코 소멸되지 않을 자명한 사물에 바치는 헌사』, 쌤앤파커스, 2020.
7) 원래 옴부나무는 남미의 브라질, 아르헨티나, 우루과이 등의 팜파스(Pampas) 초원이 원산지이다. 건조한 지역에서도 가지를 넓게 뻗어 넓은 그늘을 만드는 상록수이기에, 남미의 카우보이들인 가우초들의 휴식처 역할을 하는 나무이다.
8) "Cities have the capability of providing something for everybody, only because, and only when, they are created by everybody."
9) 아사노 후사요 외, 앞의 책, p.25

Collectio Humanitatis pro Sanatione X

위로의 도시

초 판 1쇄 2024년 09월 25일

지은이 우신구
펴낸이 류종렬

펴낸곳 미다스북스
본부장 임종익
편집장 이다경, 김가영
디자인 임인영, 윤가희
책임진행 이예나, 김요섭, 안채원
표지 일러스트 정송자 〈도시 숲〉
저자 일러스트 신노을
책임편집 배규리, 김남희, 류재민, 이지수, 최금자

등록 2001년 3월 21일 제2001-000040호
주소 서울시 마포구 양화로 133 서교타워 711호
전화 02) 322-7802~3
팩스 02) 6007-1845
블로그 http://blog.naver.com/midasbooks
전자주소 midasbooks@hanmail.net
페이스북 https://www.facebook.com/midasbooks425
인스타그램 https://www.instagram.com/midasbooks

© 치유인문컬렉션 기획위원회, 미다스북스 2024, *Printed in Korea*.

ISBN 979-11-6910-810-2 03100

값 **17,000원**

※ 이 컬렉션의 발간을 위해 도움 주신 (주)오픈헬스케어에 감사를 드립니다.
※ 이 책에 실린 모든 콘텐츠는 미다스북스가 저작권자와의 계약에 따라 발행한 것이므로 인용하시거나 참고하실 경우 반드시 본사의 허락을 받으셔야 합니다.

미다스북스는 다음세대에게 필요한 지혜와 교양을 생각합니다.